メランヒトンとその時代　ドイツの教師の生涯

マルティン・H・ユング

メランヒトンとその時代

――ドイツの教師の生涯――

菱刈晃夫訳

知泉書館

日本語版への序文

日本では長年マルティン・ルターに対する大きな関心があり、ルター研究との真剣な取り組みもなされてきています。いまやヴィッテンベルクでの宗教改革で二番目に偉大な役割を果たした人物であるフィリップ・メランヒトンにも日本で強い関心が寄せられるようになり、この本が日本語で出版されることになりました。特に翻訳の労をとられた、国士舘大学の菱刈晃夫教授に対して心から感謝の意を表します。

宗教改革はマルティン・ルターに負っていますが、フィリップ・メランヒトンはそれを形成しなおしました。マルティン・ルターはオリジナルな神学思想を展開しましたが、フィリップ・メランヒトンはそれに信仰告白や教科書という衣装を着せたのです。マルティン・ルターは宗教改革を一五一七年に開始し、フィリップ・メランヒトンはその終止符となる一五五五年〔アウクスブルク宗教和議〕をともに体験しました。それはルターが死んでほぼ十年後です。

メランヒトンは長らくルターの陰に隠れていました。一九九七年、彼の生誕五〇〇年が祝われたとき、彼はルターの陰からわたしたちの前に現れ、初めて大きな、しかも公の関心に出会うことになったのです。それに加えて、彼の業績がヨーロッパ的かつエキュメニズム〔キリスト教の諸宗派ないしは諸宗教のあいだの一致促進運動〕の地平に及んでいることを当時の人々は発見します。これは一九九九年にはっきりとし、数多くの会議やシンポジウムのテーマとなりました。今日人々はさらにそれを越えて、こういうこともできるでしょう。彼はコスモポリタンだったのか？彼の思想と業績は世界および今日に対する帰結や重要性をもつのか？

メランヒトンはわたしたちが知るような世界をまだ知りませんでした。彼が知りえたのはドイツとヨーロッパだけです。彼はまだ宗教多元主義も多文化社会も、今日では世界的規模で当たり前になっていることなども知りません。彼はドイツのキリスト教信仰者としてドイツのキリスト教信仰者のなかで生きていました。しかし、わたしは彼の関心や理念がわたしたちの現代世界にとっても重要であると確信しています。このことを示すために三つのキーワードをあげたいと思います。教育、平和、祈りです。

教育〔教養・ビルドゥング〕。根気強くメランヒトンは当時の人々に対して包括的でよい教育の必要性を諄々と説き続けました。すべての人々、少年にも少女にも、富める者にも貧しき者にも、すべてに対する教育です。社会の未来は、と彼はいいますが、そうした教育の努力にかかっている。何と現代的な考えでしょう！

平和〔フリーデ〕。メランヒトンはその長い人生において数々の戦争を体験したので、戦争を何としてでも避けようと努力しました。会談、話し合い、一致へ向けた努力は彼にとって宗教の領域においてだけではなく、政治の領域においても同様に重要でした。この点においても彼は今日の戦争に満ちた世界に対して、何がしかいうべきものをもち合わせています。

祈り〔ゲベート〕。メランヒトンは敬虔な人物です。彼が有する敬虔性の中心には祈りがありました。今日ではこういえるでしょう。祈りは宗教を互いに結び合わせます。すべての宗教において祈りがなされます。世界中で祈りがなされます。ひとつの神を信じることのない人々においても、人は限界に直面したとき、希望のため息や嘆きの叫びとして、祈りがあることを知っています。祈りの人としてのメランヒトンもまた、今日に対するメッセージを携えた一六世紀の人物であると思われます。

この本をわたしは二〇〇九年九月に書きました。八月にゲッティンゲンのファンデンヘック&ループレヒト出版社から、こういう依頼がありました。わたしたちはもう一冊メランヒトンの伝記が欲しいのです！わたしは、そのとき他に四冊ものメランヒトンの伝記が出版準備されていたとは知らずに仕事に取り掛かりました。わたしの本は二〇一〇年一月、ちょうど四月のメランヒトンの命日より前に出版されました。そして、五冊の新しいメランヒトンの伝記のなかでは唯一、二〇一〇年夏に第二版を重ねました。二〇一〇年にはドイツで二五〇〇部が販売されました。そこで、わたしはハンガリー語版の後に、続いて日本語版が出版されることを誇りに思っています。再度、菱刈教授に感謝いたします。
わたしのメランヒトンの伝記は、単に人がすでに知っていることを提供するのではなく、まだ知らないことを提供しています。しかも、同時に分かりやすく手に汗握るような仕方で表現しました。日本の読者の皆さまがこの本を楽しんで読まれ、少しでも得られるところがあれば幸いです。

二〇一二年三月　オスナブリュックにて

マルティン・H・ユング

目次

メランヒトンとその時代

――ドイツの教師の生涯

メランヒトン、だれ、何者？

「メランヒトン、だれ、何者？」メランヒトンが生まれた街〔ブレッテン〕の路上で、かつてこう尋ねてみました。次のような答えが返ってきて驚きます。俳優かな？ ノーベル賞受賞者かな？ 皇帝？ 教皇だ！ 化合物、たぶん原子核の構成要素のこと？ 空想にきりはありません。もちろん少数のブレッテン市民はメランヒトンが神学者であり宗教改革者であったことを知っています。ですが、こうしたことは日常茶飯事です。

メランヒトンの知名度の低さは、彼が果たした意義からして決して正当とはいえません。このブレッテン人はルターとならぶ宗教改革の第一人者でした。宗教改革はその推進力となるインパクトをルターに負っていますが、形成の過程についてはメランヒトンに負っています。メランヒトンの活躍がなければ、わたしたちがいま知るような福音派教会は存在していなかったでしょう。

また他の理由からも、さらにメランヒトンと深く取り組むことには意味があります。彼には一六世紀をもっともよく裏づけする資料としての価値があります。わたしたちは彼の人生のさまざまな局面から、その人物像を得ています。彼のほとんどすべての著作がわたしたちの手元にあります。その伝記も十分に明らかです。自らが書き保存していた何百にも及ぶ私信に基づいて、彼の内面生活もまた部分的に明らかです。この点で、メランヒトンはルターよりもさらに克明に記録されていますし、それゆえ彼の敬虔と内面の歴史を研究する対象としても適しています。

すでに一五九〇年代に、メランヒトンはその教育制度に関する業績によってプラエケプトール・ゲルマニアエ、つまりドイツの教師という尊称を与えられています。むしろ今日ではヨーロッパの教師とさえ称されています。というのも、ヨーロッパ的な地平に関心を向ける新しい研究は、メランヒトンがドイツのみならずヨーロッパのさまざまな国々に影響を及ぼし、その国の教会や教育の歴史に後々まで刻印されたことを明らかにしたからです。彼の影響は、アイスランド、デンマーク、ノルウェー、スウェーデン、イギリス、フランス、イタリア、スペイン、ハンガリー、ジーベンビュルゲン、ベーメン、ポンメルン、そしてポーランドにまで及んでいます。昼食の際、かつてテーブルでは一一か国語が響き渡っていた、とメランヒトンは誇らしげに話しています。

メランヒトンはヨーロッパ規模の宗教改革者であり、諸宗派和解派、エキュメニカー（超教派の教会再一致運動者）でした。このこともまさに二一世紀にとってメランヒトンを興味深い人物としています。一六世紀にメランヒトンは教会の未来をすでに体現していたのでしょうか？　カトリックの神学者でメランヒトン賞の受賞者、ジークフリート・ヴィーデンホーファーは、一九九七年にメランヒトンを宗教改革者のなかの最高の「近代人」、「宗教改革時代のもっとも偉大でエキュメニカルな人物」と評しました。

中世の終わりに生まれて

フィリップ・メランヒトンは、一四九七年二月一六日、小都市ブレッテンに生まれました。この街は、いまはバーデンに、当時はプファルツに属し、両者の境目にありました。一四九七年という年は、五〇〇年頃から一五〇〇年頃まで及ぶ中世という歴史区分に数えられ、千年をまるごと締め括る時期に当たります。メランヒトンが生まれたとき、どのような大変革が迫っているかなど、だれも予感していませんでした。たとえ改革への欲求がすでに大きくなっていたとはいえ、世の中はまだ秩序の内に安定しているように見えました。

帝国、すなわち当時神聖ローマ帝国と呼ばれていたドイツでは、ハプスブルク家出身の皇帝マクシミリアン一世が統治していました。彼は積極的な統治を試みましたが、限られた成果しかあがりませんでした。帝国に新しい秩序をもたらす試みは徒労に終わったのです。ローマでは教皇アレクサンデル六世が教会の運命の鍵を握っていましたが、彼はいささか人好きのしない人物でした。彼は少なくとも七人の子どもの父親であり、しかも、彼らは複数の女性から生まれているのです。この狡猾で敏活で抜け目ない男は、その才能をまずは権力政治のために用い、教会のためではなく子どものために侯国を授けようとしたのです。

人々の生活条件はつましいものでした。古代が終焉して千年、ギリシャやローマで普通であった生活水準には依然として到達することはありませんでした。ブレッテンのような街には舗道も、整備された上水や下水の設備もありませんでした。人々は狭い家に住み、そこにはもちろん床暖房も浴室もありませんでした。人々は、パン、野菜、豆果、穀物粥で生活していました。ときおり、もはや卵を産めなくなった鶏が絞められました。

にもかかわらず、商業と手工業によって街は確実に豊かにもなっていきました。それは後期中世の市民たちの——今日にまで残る——家々やゴシック様式の教会が建てられたことにも反映しています。しかも、ブレッテンの街の教会は一四二〇年頃ゴシック様式の身廊を備えていました。ブレッテンではおよそ二千人の人々が生活していました。これより大きな街はドイツではとても少なかったのです。ケルンの住人は二万人でしたが、都市の周りに何十万もの人々がいる場合、彼らはどのようにして古代文化を知ったのでしょうか。

アカデミックな神学は後期中世になると、さまざまな些事に拘泥するようになっていました。たとえば、聖餐の際にパン切れが誤って皿からこぼれ落ち、それを儀式の最中か後にネズミが食べた場合、そのネズミには何が起こるか、といった問題をめぐって議論が展開されたのです。キリストのからだが聖変化した後のパンなのだから、必ず何かが起こるに違いないであろう。するとネズミがキリストのからだの一部を食べたとしたら、いったい何が起こるのか。こういった具合です。

同じように、イエスの〔陰茎の〕包皮についての考えにも人々は向かいました。聖書に証されているように、ユダヤ人の子どもはみな生まれて間もなく割礼を施されます。イエスもそうでした。そこで中世のスコラ神学者は、こう尋ねました。復活の際、イエスの包皮はどうなっているのか。これは再び四肢とひとつになっているのか、あるいはキリストの聖遺物として地上に存在しているのか。数多くの教会や修道院が「聖なる包皮」を所有している、と主張しました。

また同じように、今日の観点からすれば普遍をめぐる論争も些末なことのように思われます。普遍概念は現実を模写するか否か、という哲学的な問題が問われていました。たとえば、ひとつの机があるとすれば、それは常に具体的なものとしてあるのか、それとも何かより高次の現実もしくは抽象からなる形態においてあるのか。一部の哲学者たちは、そのようにしてある机は、単なる名称、名前（ラテン語ではノーメン）、全くの概念であり、固有の〔普遍的なイデアのような〕現実性をもたない、と主張しました。ゆえに、彼らはノミナリスト（〔普遍はただ名称としてあるのみとする〕唯名論者）と呼ばれました。それに反対の立場の者たちは、机をそのような現実として、リアリティとして成り立たしめているような抽象的な〔普遍的なイデアとしての〕机がある、と主張し、彼らはリアリスト（〔普遍はあるとする〕実在論者）と呼ばれました。こうした問題をめぐる論争および、そのときどきの帰結は、さまざまな世代の関心を引き付け、学部や大学、さらに学生の住居をも分裂させたのです。

人々の信仰心も生き生きしていました。多くの人々は修道士の生活を模範としていました。祈りや信心のための書物が生まれ、読むことのできる者たちはそれによって個人的に敬虔な気持ちを涵養することができました。メランヒトンの父に関しては、夜ごと修道士のように睡眠を中断し、ひざまずいては祈りを捧げていたことが知られています。

同時に修道士たちは、そのしばしば見うけられた偽善や本来の規則に従って生きていない様子から、批判されたりもしました。修道制や後期中世の神学に対する批判は、とりわけ学者たちによってなされましたが、その一部は新しく成立してきた運動に属していました。それが、フマニスムス〔人文主義〕です。

境界地域はしばしば戦争地域となります。一五〇四年、メランヒトンが七歳のとき、故郷の街はヴュルテンベルク公ウルリッヒによって二週間にわたって包囲されました。この記憶は彼のなかに刻印されます。戦争を前にした不安は生涯ずっと彼の本質的な特徴となり、その行動や信仰上のことがらにも大きな影響を及ぼしました。戦争にまつわる仕事とそれによる苦々しい帰結は、その父を通じてさらに身近なものとなりました。

メランヒトンの父はハイデルベルク出身で、選帝侯の兵器係長でした。彼は兵器を鍛造し火砲を鋳造していました。彼はブレッテン出身の女性と結婚したため、原則的にはハイデルベルクにいたにもかかわらず、家族はそこ〔ブレッテン〕に住むことになりました。メランヒトンは祖父によって育てられました。それにもかかわらず、彼は父との思い出を常にいつくしんでいます。父の早死は彼にとって決定的な体験でした。父は一五〇八年、長患いの後に亡くなりました。というのも、先に触れたヴュルテンベルクとの戦争で――そう家族は信じていたのですが――彼は有毒な水を飲んだからです。おそらく、四九歳での死は、毒物を絶えず扱うことによってもたらされた、忍び寄る中毒によるものでした。いずれにせよ、父は戦争にまつわる仕事の犠牲となったのです。

父がどのように死に備えたのか、という記録をメランヒトンは伝えています。一五五四年の手紙に彼は、こう記しています。父が死ぬ二日前に呼ばれ、父は息子を神に委ね、神を畏れ、道徳的な生活を送るように勧めた、と。父は大きな政治的変動がやってくることを見通し、よって息子のために、神が導いてくれるように祈ったのでした。このことを、後の宗教改革時代になって神学的にも政治的にも対決を迫られるなかで耐え抜かねばならなかった際、メランヒトンはしばしば思い出したのでした。この後メランヒトンはシュパイアーに送られたため、父の死を見届けることはできませんでした。彼は泣きながら父の街を後にしなければなりませんでした。当時、彼は一一歳でした。

子どもの頃の体験は、彼をイレーニカー〔諸宗派和解派〕にしましたが、フマニスムスとの出会いもこれに加勢します。

人文主義《フマニスムス》の影響下で

フマニスムス〔英語ではヒューマニズム〕すなわち人文主義は、ルネサンス時代の学問運動です。ルネサンスは一四世紀にイタリアで興った、すべての文化領域を包み込む革新的流れであり、古典古代を模範としています。それは一四世紀にひとりのイタリア人とともに始まりました。フランスで生活し、ときに最初の近代人と呼ばれた、フランチェスコ・ペトラルカです。彼はその新しいラテン語詩によって有名となりました。さらに、登山者としても。一三五五年、彼はモン・ヴァントゥに登り、手紙にその体験を綴っています。ルネサンス期における人間の発見は、自然と歴史の発見と並行して同時に現れます。ルネサンスという地平の上に学問運動が展開し、それが二〇〇年来フマニスムスと名づけられることになります。というのも、それは人間的なるもの、人間的なものの探求を目的としたものだからです。

若きメランヒトンはこうした影響の下で育ちますが、それはすでに実家にいるときからでした。家庭教師として、そこにはヨハネス・ウンガーがいました。彼の下でメランヒトンは読み書きやラテン語の初歩的基礎を学びます。家庭教師による教授は後期中世においてはふつうのことでした。というのも、どこにでも学校があるというわけではありませんでしたから。宗教改革が教育制度を初めて発展させたのです。その分野でメランヒトンは後に本質的な役割を担うことになります。一六世紀初めによい学校に通いたいと望む者は、実家を離れなければなりませんでした。しかし、若きメランヒトンの両親はこうしたことをまだ求めませんでした。

一五〇八年になって、ようやく一一歳のときメランヒトンはさらに教育を受けるために、二〇キロ離れた遠くのプフォルツハイムにまで通わざるをえなくなりました。そこには誉れ高いラテン語学校があり、そこでメランヒトンは両親の意志に従って専門教育を続けることになります。いまや故郷から離れて彼は生活することになりましたが、常に安全な生活環境のなかにありました。というのも、彼はエリザベート・ロイヒリンのところに住んでいたのですが、彼女は〔母方の〕離れて住む親戚〔祖母〕に当たり、かのヨハネス・ロイヒリンの姉でした。

ヨハネス・ロイヒリンは著名なフマニスムスの学者〔人文学者〕であって、プフォルツハイムは彼の故郷でした。彼は、法律家、ヘブライ語学者、そして詩人として活躍しました。一五〇六年、彼はドイツで最初のヘブライ語教科書を出版しました。この〔メランヒトンにとっては大伯父に当たる〕学者は、プフォルツハイムに姪の息子・メランヒトンに会うためにやってきます。

メランヒトンはロイヒリンから多大な恩恵を被っていますが、特にその名前においてことさらです。というのも、フィリップ・メランヒトンは元々フィリップ・シュヴァルツェルトと称していたのですから。しかし、人文主義者《フマニスト》〔英語ではヒューマニスト〕はドイツ語の名前を好まず、ギリシャ語やラテン語の学者名を名乗りました。ロイヒリンはフィリップ・シュヴァルツェルトに、シュヴァルツェルト（黒い大地）をギリシャ語に翻訳することで、新しい名字・メランヒトンを贈ったのです。それは一五〇九年三月のことでした。もっともメランヒトンは、後にその発音するのが難しい新しい名前を簡素にして、ただメラントンと名乗っていました。

一五〇九年一〇月、メランヒトンはプフォルツハイムを再び後にして、勉学のためにハイデルベルクに向かいます。ここでも彼は人文主義を刻み込まれました。彼は神学者のパラス・シュパンゲルのところに住まわせてもらい、広く尊敬されていた教育者ヤコブ・ヴィンプフェリングと交流しました。彼は教育制度の革新を通じて人間の状況を改善しようと努力し、初めてドイツ民族の歴史を書いた人物です。

一五一二年九月、メランヒトンはテュービンゲンに移りますが、それは自ら語るところ――後の伝記によると――ハイデルベルクではその若さゆえに修士試験の許可が下りなかったことによります。しかし、こうした理由はひとつの伝説ともいえます。おそらく一五一一年七月、シュパンゲルが亡くなったことが、場所を移る本当のきっかけを与えたのでしょう。テュービンゲンでメランヒトンは一五一四年初めに、まだ一七歳という若さで試験を受け、すべての最終試験受験資格者のなかでトップ（プリムス・オムニウム）となりました。基礎的な勉学が終わった後、彼は神学部に赴きましたが、彼のもともとの関心は古典古代の文学作品にありました。彼は特にヘシオドスに取り組みました。お金を稼ぐため彼は並行してトーマス・アンセルムの印刷所で働きます。アンセルムも同じく著名な人文主義者ですが、やはり人文学者名でナウクレルスと呼ばれたヨハネス・フェアゲーンハンスの世界史を校訂する仕事をメランヒトンはそこで行いました。そのとき世界史に対する彼の興味が喚起されたのです。

一五一六年、メランヒトンの最初の著作、ローマ時代の詩人テレンティウスの喜劇が出版されました。その後、彼はとりわけプルタルコスと取り組み、さらにアリストテレスのギリシャ語版を計画していましたが、これは実現しませんでした。しかし、彼はギリシャ語の教科書を完成させました。それは一五一八年に出版されましたが、一〇〇年にわたって用いられ続け四〇版以上を重ねます。この成功の秘密は著作の巧みな方法的構成にありました。これは単にひとつの言語を習得することを問題としているのではなく、学習者を古典文学へと手引きし、これを通じて道徳的に有益で包括的な人格教育を行えるようにしていました。

一五一六年、メランヒトンは当時もっとも有名な人文学者エラスムスと関わるようになりました。彼はその出身地名からロッテルダムのエラスムスと呼ばれていました。彼は司祭の私生児であり、長いあいだイギリスに滞在しましたがイタリアも訪問しました。バーゼルで何年も過ごした後、最後はフライブルク・イム・ブライスガウに留まりました。エラスムスは一度も教授のポストに就いたことはありませんが、当時のもっとも教養ある人物であり、多くの革新とともに学問の歩みを進展させます。新約聖書のギリシャ語―ラテン語版には画期的な意義があり、これによって当時の教会で用いられていた聖書、すなわちウルガータ――共通のもの――と呼ばれていた版に問題ありとされました。多くの領域でエラスムスはものごとを先取りしていました。それをルターは受け入れて大衆化し、達成したのです。すでに同時代人は、嘲笑してではなく「エラスムスが卵を産み、それをルターが孵《かえ》した」と述べています。メランヒトンもまたエラスムスのなかに宗教改革のパイオニアを見出していました。メランヒトンは一五四六年のルターの死後すぐにそう語りましたし、再び一五五七年、エラスムスの死後二〇周年の日に行われた大学講演でも同様でした。しかし、エラスムスは古い教会〔カトリック〕に忠実なままでいました。彼は革命を望まなかったのです。たいていの人文主義者と同じように、一致、和議、そして平和を求めて努力しました。諸宗派和解的な本質的特徴をメランヒトンはエラスムスとともに生涯共有していましたが、しかし、ルターの評価においては違う道を歩みます。

メランヒトンは「人文主義者の教皇」であるエラスムスに、個人的には一度も会うことはありませんでした。が、一五三六年のエラスムス死去に至るまで書簡のやりとりを続けています。ただし、そのあいだにこの二人の学者の関係は傷つけられることもありました。原因はルターにあります。彼は一五二四―二五年にエラスムスとのあいだで激しい論争を公に開始したのでした。

マルティン・ルターとの出会い

一五一七年秋、メランヒトンがテュービンゲンでギリシャ語教科書と取り組んでいたとき、ヴィッテンベルクのアウグスティヌス会修道士で神学教授であったマルティン・ルターが贖宥と悔い改めに関する九五か条の提題を公にしました。マインツの大司教アルブレヒト・フォン・ブランデンブルクによる贖宥状運動が開始されたのです。アルブレヒトはマグデブルクおよびハルバーシュタットの司教区を支配していました。贖宥とは割引あるいは免除といったことを意味します。人間は天国の戸が開かれる前に、その犯した罪のゆえにあの世の煉獄の火のなかで罪を贖わねばならない。そうした罰が免除されるのです。ルターは贖宥状運動をローマのピエトロ大聖堂を新築するための資金調達が目的であり、同時にアルブレヒトの個人的な罪を帳消しにするために用いられると見ていました。増大する懸念とともにこうした事業の神学的根拠をルターは疑い、宗教的財を活発に取引することの行き過ぎを批判したのです。ルターはその提題を一五一七年一〇月三一日に大学の掲示板として利用されていた、ヴィッテンベルク城教会の門に掲示したとされます。それはメランヒトンが一五四六年、ルターの死後、ルター著作集の新版への序言のなかで伝えていることです。ただし、ルターがこのテキストを手紙を通じて広めたということだけは確かなようです。

ヴィッテンベルクの提題はルターとは無関係にドイツのさまざまな場所で印刷され、人文主義者のあいだで大きな共感を獲得します。これがテュービンゲンにいるメランヒトンに届いていたかどうかは不明です。ともあれ、そこには一五一七―一八年のルターの著作が存在していました。そして、わたしたちにとって未知の人物――もちろんルターのことですが――はパウロについての講義を開始していました。それから、メランヒトンがヴィッテンベルクでルターの傍らに立つことになるまでには年月はかかりませんでした。これは提題とは関わりなく、ヴィッテンベルクの大学改革と関係していました。

ヴィッテンベルクでは一五〇二年に大学が設立されました。というのも、一四八五年以降、選帝侯国を治めるエルネスティン家と公国を支配するアルベルティン家とのあいだでザクセンが分割され、エルネスティン家が大学を欲したからです。伝統あるライプツィヒ大学はアルベルティン家の領土にありました。新しい大学の場所としては、小さな、それまで重要ではなかった居城都市ヴィッテンベルクが選ばれ、この新しい教育施設は始めから宗教改革による大学として計画されました。ここでは――それは領邦君主であるフリードリヒ賢公、すなわちザクセン選帝侯が望んだのですが――人文主義の教育原理がそれまでのものと取って代わることになっていました。そのため学生たちはかつてのようにラテン語だけではなく、ギリシャ語やヘブライ語も学ばなければならないようになったのです。彼らは哲学ならびに聖書という古代の全テキストを原語で読み、その根拠に基づいて解釈ができる能力を身につけることを求められました。ヴィッテンベルクはギリシャ語の教師を求めていました。選帝侯はロイヒリンにアプローチしましたが彼は拒否し、生徒であり姪の子であるメランヒトンを紹介します。ルターは他の候補者を視野に入れていましたが、選帝侯は自分の意志を貫きメランヒトンが招聘されることになりました。二〇歳で彼は人文主義に根ざす宗教改革による大学の教授となります。ここは宗教改革の先頭に立つ大学となる運命にありました。

一五一八年八月、メランヒトンはテューービンゲンからブレッテンそしてライプツィヒを経てヴィッテンベルクまで旅し、八月二五日にエルベ川のほとりにあるこの都市にやってきます。そこで人々は新しい招聘者に驚きの反応を示しました。彼には一見したところそれほど大きな力があるようには見えなかったのです。メランヒトンはたった一五〇センチの背丈しかなく、しかも華奢で声は弱々しく軽い言語障がいもありました。通りでは子どもたちから、からかわれる始末です。しかし、すでに三日後には嘲笑は止みました。このギリシャ語教師は就任後初の講義を行い、もちろんラテン語で「青年の学習改善について」を論じたのです。彼は人文主義による教育計画を展開し、それにすべての人々が、そしてルターもまたすぐに感銘を受けたのでした。メランヒトンは古典古代語だけではなく、歴史や数学も大学での勉学に統合しようとしました。彼は中世における学問的努力については批判的な意見を述べました。なりたての神学者に対して彼は、学問には「最大の思考能力、集中的な取り組みと入念さ」が求められると説き聞かせました。着実な学問的基礎をきちんと教育し、その土台の上に神の霊に導かれて、初めて「聖なるものへの入り口」を見出すことが可能になるというわけです。

ギリシャ語学者としてメランヒトンは未だ凌駕されたことはありませんでしたが、神学の領域ではまさにスタート地点に立ったばかりでした。ルターはメランヒトンによるギリシャ語の授業に参加し、メランヒトンはルターの下で神学を学びます。「わたしは彼から福音を学んだ」と、後に（一五三九年）メランヒトンは感謝の念を抱きつつ述懐しています。ルターの中心的な考えとは、信仰のみによって――道徳的あるいは宗教的な仕方による行いによってではなく――人間は神の目の前にふさわしい者とされる、というものでした。これを聖書の言葉では義認といいます。新しい義認論は福音による確信を必要不可欠な構成要素としていました。

しかし、二人の人物の関係はいつも和やかであったわけではありません。多くの、また神学上の問いのなかには、後の衝突が含まれていました。ルターは、すべての偉大な人物がそうであったように、決して単純な性格の持ち主ではありませんでした。彼は原理のみに照らして自分自身の考えを正しいものと認めました。メランヒトンはこれによって後々まで苦しめられます。ルターが死んだとき、彼は「ほとんど不名誉な隷属」について語りました。が、なすべきことのために彼はがまんしたのです。それは宗教改革です。メランヒトンは一五一八年からこれに積極的に関わっていました。一三歳年上のルターの傍らで彼は宗教改革の指導的人物となり福音教会に後々まで影響を及ぼしましたが、それは特に彼がルターよりもさらに一四年生き延びたことによります。メランヒトンは一五六〇年になって亡くなりますが、それによってルター以外にも、ツヴィングリやカルヴァンと宗教改革の全歴史をともに体験し、これを形作ることになったのです。

宗教改革側での第一歩

すでに一五一九年、メランヒトンはルターの側で堂々と行動していました。つまり、六月と七月のライプツィヒ討論においてです。インゴルシュタットの大学教授ヨハン・エックは人文主義による教育を受けた有名な神学者であって、ライプツィヒでカトリックの立場を擁護し、ルターを極端な主張へと誘導しようとしていました。宗教改革者は教皇および教会の公会議が間違いを犯しうるし、またしばしば間違ってきたと表明します。ルターの反対者たちにとってルターが異端者であると見なされるのは明らかでした。というのも、彼は一〇〇年前のプラハの神学者ヤン・フスのごとき見解を主張したからです。フスは一四一五年のコンスタンツ公会議で裁かれ、火刑に処せられました。

ルターはヴィッテンベルクから多くの同行者を連れてライプツィヒへとやってきましたが、そのなかにメランヒトンがいました。このことは反対者たちの注意を引きましたが、それは討論のあいだルターに論拠を囁いていたからでした。おそらく彼はルターに教皇制と公会議を批判するために必要な歴史的背景となる情報を提供していたのでしょう。というのも、歴史についてメランヒトンは神学博士・ルターよりもはるかに通じていたからです。

ライプツィヒ討論の後、メランヒトンは宗教改革に関する最初の著作を公にします。それは書簡形式の、まずは討論の経過に関する叙述で、彼のテュービンゲン時代からの古い友人で、後にバーゼルの宗教改革者となるヨハネス・エコランパディウスに宛てたものです。彼はその当時アウクスブルクで活躍していました。これに対してエックはメランヒトンに向けて辛辣なパンフレットで反応し、そしてメランヒトンもまた『ヨハン・エックに抗する弁護』で応答します。これによってはじめてメランヒトンは出版物による形でルターをめぐる対立のなかへと組み入れられたのです。この時代すでに宗教改革の担い手たちは軽蔑的に呼ばれていましたが、その当の「ルター派」（ルーテラーナー）となったわけです。「新しい信仰」についても誹謗されました。ルターとメランヒトンは、しかし何か新しいものを創造しようとしたのではなく、キリスト教の開始点である福音へと戻ろうとしただけなのです。「宗教改革的なもの」と「福音的なもの」とは、ゆえに同等の関係にあります。それに対して「カトリック的なもの」とは――一般に通用する普遍的なという意味において――当時なおも双方の側がひとつになることを望んでいました。一九世紀になってはじめてカトリックは宗派の名称となりました。今日の人々は一六世紀のカトリック教を「古い信仰を墨守する」としばしば呼びますが、それは決してその価値を下げて理解しなければならないからではなく、当時の自己理解に対応しているのです。

こうしてメランヒトンは一五一九年以来ルターの同調者、すなわち宗教改革の担い手として知られることになります。彼は宗教改革と、この年以来用いられていた紋章印を通じても結び付きました。それは民数記二一章の掲げられたヘビを意味していましたが、メランヒトンにとってはヨハネによる福音書三章一四節以下の、イエスとその十字架上の死を示唆するものでした。イエス・キリストへと向かい、十字架におけるその死を強調することは新しい信仰の特徴です。それは救いの確かさに対する問いを強力に立て、それに最終的に答えることでもありました。

すでに一五一九年、ルターには教会側から正式に異端者と宣告される可能性がありました。

しかし、ローマは、新しい皇帝の選挙が控えており、教皇がそれに介入したがっていたため、これをためらいます。こうした理由から、力ある領邦君主の下に仕えるひとりの神学教授のことを優先するのは好都合ではなかったのです。教皇からすれば、フリードリヒ賢公は皇帝という職務に就きうる潜在的な候補者のひとりでした。ゆえにルターに対する裁判は引き延ばされることになったのです。これによって宗教改革は時間を稼ぎます。

やっと一五二〇年の初めになって、スペインの皇帝カール五世がマクシミリアン一世の後継者として皇帝に就いた後に、ルターに対するローマの訴えが進展しました。そして、一五二〇年六月一五日には「破門」の威嚇へと繋がり、公に教皇の「大勅書」に書き留められることとなります。それには独特のラテン語で「エクスルゲ・ドミネ」（立ち上がれ、主よ）という題がつけられていました。「愚かな人間」、神のぶどう畑を荒らすキツネ、イノシシ、そして野獣に喩えられたルターは、教会からの追放、破門制裁によって脅かされ、六〇日以内に彼は主張を取り消すべしとされます。威嚇は大勅書のなかでルターのさまざまな支持者に対しても向けられていましたが、メランヒトンに対してはありませんでした。

大勅書の正式な公示によって九月末に始まる猶予期間をルターは過ぎ去るに任せていました。そして、一五二〇年一一月末彼は事実上異端者と宣告されます。しかし、ヴィッテンベルクの人々は揺らぎませんでした。一五二〇年一二月一〇日、メランヒトンは他の教師や学生とともにエルスター門の前での公開焚書を計画します。ルターは自らの手で破門威嚇する大勅書が記されたものを火のなかに投じました。

中世の法によれば教皇から破門された者は皇帝により追放され、それに伴ってこの世での裁判権に委ねられなければなりません。これもルターを脅かしました。しかし、再び多くの者には予期しない延期が行われます。というのも、ルターの領主はルターが皇帝による追放に個人として従うべきだ、と主張したからです。こうして一五二一年四月、ヴォルムスでの帝国議会にルターが呼ばれることになったのです。

帝国議会には皇帝の領土や国家の代表者たちが集まっていました。彼らは、選挙された皇帝とともに帝国を支配していました。帝国議会は非定期的に異なる場所で開かれました。ルターは四月二日ヴォルムスに向けてたち、一七日と一八日帝国議会で皇帝のいる前、その代弁者であるトリーアの教会法学者によって尋問され、自説の取り消しを求められます。ヴィッテンベルクの修道士〔ルター〕が一五一七年から著してきた書物が、ベンチの上にこれみよがしに置かれていました。ルターは修道服の姿できれいにトンスラ〔聖職者の剃髪〕した頭で現れ、だれかが聖書による根拠に基づいて過りを証明してくれる場合にのみ取り消しに応じる、と説明しました。これ以外に彼の良心は束縛されませんでした。彼は自らの簡潔な話を次の言葉で締め括ります。「神よ、わたしを助けたまえ、アーメン」と。「ここにわたしは立つ。この他にわたしにできることはない」というのは、後の伝説です。敵対者たちは叫びました。「ルターを火のなかへ！」と。しかし、ルターは無事にヴォルムスを後にすることができました。というのも、彼は往復とも事前に確実な護衛によって保護されていたからです。ようやく五月二六日になってカール五世はヴォルムス勅令によってルターとその信奉者たちに対して国外追放の決定を下し、彼から法の保護を奪い、その拘束と処罰とを命じます。宗教改革の賛同者にとってルターは英雄となりました。パンフレットでは彼の登場について伝えられ、添えられた絵にはもはやぶどう畑を荒らす者としてではなく、修道士としてただひとりで手に聖書をもち、自らの良心に基づき教会や帝国の権力者たちに立ち向かう姿が堂々と描かれていました。

ルターには危険が差し迫っていました。が、個人的にヴォルムスに居合わせていた彼の領邦君主は、ルターが皇帝の前に立ったときには対策を目論んでいました。ルターは何がこれから起こるのか知りませんでした。そして、五月四日ヴォルムスとヴィッテンベルクの中間にあるテューリンゲンの森で武装した騎兵によって「襲撃」され山に拉致されたときには驚きます。フリードリヒ賢公はルターをアイゼナハにあるヴァルトブルクの安全な場所に移し隠したのです。巷ではルターは死んだという噂が流れました。ルターは髪とひげを伸ばし、その結果貴族のように見えるようにし、「ユンカー・ヨルク」という偽名でヴァルトブルクの食糧庫の一室で暮らすことを甘んじて受け入れます。この部屋は今日でも見学することができます。そこで、彼は――メランヒトンに促されて――ある大きな課題に取り組みました。それは、ギリシャ語から新約聖書をドイツ語に翻訳することです。ドイツ語による聖書はすでに存在していましたが、それはエラスムスのものによる古くからのラテン語テキストに基づく聖書の版でしかありませんでした。ルターはよりよい信頼に足る翻訳を求めると同時に、当時まだ統一された標準語がなかったドイツで、できるだけ多くの人々が理解できる言語形態を模索します。ルターの翻訳活動にメランヒトンは積極的に関与しました。ルターはメランヒトンからアドバイスを得ました。というのも、ルターはメランヒトンほどうまくギリシャ語ができなかったからです。また後に、ルターが旧約聖書をヘブライ語から翻訳したときにも、メランヒトンは協働します。というのも、メランヒトンはヘブライ語においてもルターより上手だったからです。「ルター聖書」が、実のところルター・メランヒトン聖書であることはよく知られていませんし、評価されてもいないのです。

ルターがテューリンゲンの森で隔離されて生活し、限られた親しい人々とただときおり手紙での交流をしていたあいだに、宗教改革はヴィッテンベルクで進展していきます。ルターの同僚で、とりわけアンドレアス・ボーデンシュタイン、すなわちその出身地にちなんでカールシュタットと呼ばれた彼は、ルターの神学上の認識から実際的な結果を導き出そうとしました。そのなかには、礼拝の改革、聖像を教会から取り除くこと、共同体における貧者救済のために新しい秩序を形成することが含まれていました。メランヒトンもまた変革に関与します。彼はパンとぶどう酒による両形色の聖餐を勇敢に行った最初の人物であり、それは一五二一年九月二九日に数人の学生たちとの小さな集まりで執り行われました。公には一五二一年のクリスマスにヴィッテンベルクでは初めてパンとぶどう酒による聖餐式が開始され、一五二二年一月ヴィッテンベルクの参事会はカールシュタットによって起草された宗教改革による教会規則を議決しました。

しかし、実際的な変革は住民のなかに不穏な状態を招きます。というのも、宗教改革によってとられた道をともにしたくないと思う人々もまだいたからです。しかも、選帝侯は変革に異議を唱えていました。ルター自身もまたその同僚の行いが行き過ぎであると感じていました。こうして三月初め彼は——メランヒトンに呼ばれて——ヴァルトブルクを後にしてヴィッテンベルクへと急ぎ、説教によって事態を収拾します。これは四旬節第一主日の日曜日後（一五二二年三月九日）に始められたので四旬節説教と呼ばれています。ルターは現実を急進的に変革することに対して警告を発し、古い教会を信奉する「弱い者たち」への配慮を促しました。まず、こうしてルターは人が新しい風習や規則を取り入れることができるようになる前に、人間の良心を自由にし、その内的態度を変えなければなりませんでした。ルターの立場はヴィッテンベルクで貫かれます。ルターの路線に賛同しなかったカールシュタットは逃亡し、メランヒトンはルターに従いました。

若干の領域でメランヒトンはルターに先んじていました。彼はルターより早くカテキズム〔教理問答書〕を著し、初めて福音主義の箴言集を生み出すとともに、福音神学のための教科書を書いた最初の者となったのです。

最初の福音主義教義学

ルターは宗教改革を突き動かし、これに神学的な基礎を与えました。ただし、彼は福音の教えを体系的に関連づけて叙述することはありませんでした。彼は時に応じて論争上の書物を著し、さらに説教や聖書講義も著しましたが、福音主義の教義学を記すことはありませんでした。最初の宗教改革者としては、そもそもメランヒトンが一五二一年に福音主義神学の教科書を世に出したのです。『神学要覧』(ロキ・コンムーネス・レールム・テオロギカールム)です。ルターはすでに一五一九年にメランヒトンの神学的才能を認識しており、この小さな身体に秘められた強さとその天職をほのめかしながら、こうコメントしています。「この小柄なギリシャ語学者は神学においてさえわたしを超えている」と。かくしてルターはメランヒトンの著作が不朽のものとなり規範としての名声をうることを望み、これを聖書に次ぐもっとも高い位置に置いたのでした。

メランヒトンのロキは神学を新しい道に導きましたが、それは内容においてのみならず方法においてもそうです。内容の上では彼はルターの理念を最後まで考え抜き、それにまとまった言語的形態を与えました。ロキは宗教改革の精神に基づく人間学、義認論、解釈学、そしてサクラメント論を提示しました。方法としてメランヒトンは人文主義の考えに立ち、それは修辞学のなかに生きた本拠地をもつものでした。新しい方法はすでに書物のタイトルから予見されます。「ロキ」(論点・主題・トピック)は中世に好まれた「スンマ」(大全)とは異なり、まとまった完全な体系ではなく実践的な目標を目指すなかで論じられる要点を提示するのであり、それはエラスムスが説教学で行ったように、学生に自ら資料を集めるように刺激します。メランヒトンは目下焦眉の実践にとって重要なテーマについて論じていますが、通常神学の教科書でも扱われているような多くのことがらについても語っています。特に神論、キリスト論、創造論、終末論です。簡明的確に彼は導入で次のように述べています。「神性の神秘をわたしたちは探究するよりも、むしろ賛美すべきである」と。

こうした発言のなかに人々は常にスコラ学的思弁を退けることだけを見てとるのですが、探究もまた著者にとっては同じように重要でした。神性は賛美を必要とする。メランヒトンは生涯を通じて熱心な祈りの人でしたし、しかも熱心な祈りの教師でもありました。同時代人たちはすでにそのような人として彼を認めています。今日でもデッサウのヨハン教会で見ることのできるルーカス・クラナッハ（子）による最後の晩餐の絵には宗教改革者たちがイエスの弟子として描かれていますが、メランヒトンは――唯一――祈りの姿をとって敬虔に手を組んだ様子を示しています。

後のロキの版は経験《エアファールング》とさらに関連づけられ、より実践的であり敬虔《フレンミヒカイト》を強調するものとなっています。そこにはメランヒトン自身によってまとめられた祈りが含まれており、それらは苦悩との関わり方をテーマとしています。ただ外見的には、扱われているテーマやその体系性に関して、これは再び中世の「スンマ」に近似しています。しかし、後にメランヒトンは神論を、神性の神秘を基礎づけようとする学問的な好奇心や努力から扱うのではなく、こうしたことがらをめぐって目下焦眉の対決が強いられるがゆえに、これを扱っています。

罪人の「恩恵のみ」（ソーラ・グラティア）による義認という新しい理解は宗教改革神学の核心であり、一五二一年版ロキの中心テーマです。行いに基づくのではなく、「信仰を通じてのみ」（ソーラ・フィーデ）義とする神の義をルターは新しく発見しましたし、あるいはむしろ実存の危機からの救いとして体験したのですが、メランヒトンもこれに関わることがらをすべて綿密に考え尽くし、それに対応する適切な言語的表現形態を模索していました。彼は体系化ならびに定式化において秀でていました。ゆえに、「福音のすべて」とルターが捉えた宗教改革的義認論に、その教義学的形式を与えたのです。

すでに一五二一年のロキにおいてメランヒトンは「信仰のみ」を毅然とした態度で主張しました。「わたしたちのどのような行いも、たとえそれが善いように見えたとしても義ではない。そうではなくて、憐れみを求める信仰のみ、イエス・キリストにおける神の恩恵のみが義である」。義認論の内容とは罪の赦しであり、「信仰」はメランヒトンにとって「賛同」（アセンシオー）および「信頼」（フィドゥーキア）からなっています。「信仰とは、わたしたちのすべてに神の言葉が伝えられること、すなわち約束でもあり、キリストという仲介者によってわたしたちに無償で和解が贈与されることであり、それに賛同することである。その結果、彼は神の慈悲に対する信頼の内にあるのだが、それはキリストという仲介者のゆえに約束されたものなのである」。義とされ新しくされた人間は再び恩恵から転落する可能性もありますが、しかし、神による慈悲深い再受容の扉は更新されて開かれたままなのです。

義認論は、そうした内容の最終的な定式化をアウクスブルク信仰告白との関連で見出すのですが、詳しくは一五三一年九月に出された弁明の最終版のなかに明らかです。メランヒトンはここで義認の下、神の裁き、御言葉が行われること、義が宣告されることを捉えています。神は罪人に対して、まるで裁判官が罪人に対するように自由に語ります。ただし、神に対する人間の関係が変わるだけであり人間の本質はそのままです。ラテン語の用語法によって、古代では裁きを宣告される場所であった法廷と関連づけられたがゆえに、一九世紀の終わり以来、人々は義認のメランヒトン的理解を「法廷的」と名づけました。そして、「転嫁的」義認論についても語りました。というのも、信じる者に他なるキリストの義が帰せられる（転嫁される）からです。

メランヒトンの教え方は、ともにさまざまな問題をもたらしました。一方で、法学的な見方ならびに用語法は、なだめ、人間に平和をもたらす神の救いのわざに一面的な重点を置くものであるとして満足のいくものではなく、それは神のイメージに対しても影響を及ぼすからです。他方で、更新と義認とを切り離したことは、うまくいきませんでした。メランヒトンは救いの確かさについての根拠からも、また実践的‐教授的意図からも〔時間的な順序を考慮することなく〕現象の二つの側面を切り離しました。〔神と人間との〕和解に引き続くべき「必然的な」新しい服従はメランヒトンにとって義認のなかに無条件的に含まれるものでした。彼はそれ〔新しい服従〕を人間に対して無罪判決と「同時に」〔シムル〕贈与される、聖霊によるわざと捉えていました。「信仰を通じて驚愕する良心が打ち立てられるや、それと同時に聖霊が注がれる。それは、心のなかに新しい、神の律法にふさわしい運動を引き起こすのである」。

求められるべき新しい服従と関連して、メランヒトンにとってはいわゆる「律法の第三用法」〔テルティウス・ウースス・レーギス〕が重要となりました。つまり、神による律法は毎日の生活の領域で秩序に対して気遣い、霊的な生活の領域で人間に対してその罪深さを明らかにするという機能をもつだけではなく、信仰を通じて義とされた人々に神の意に適う生活を送らせるという機能をもつのです。すべての善き行いの出発点および大事な点は祈りにあり、神に懇願することにあります。「わたしたちが神の慈悲を知ると、わたしたちは神に呼びかけ、神を愛し、そして自らを神の下に正すようになる」。したがって、善き行いは義認に引き続き、義とされた人々は自然の人間よりも、より善いわざを行うことができるのです。善き行いは、この世とともに彼岸の生活においても神によって報いられます。もっとも、義とされた人々は完全性に至るのではなく、部分的に罪に囚われたままには違いありません。

メランヒトンの転嫁的―法廷的義認論はルター主義にとっては決定的でした。ルターはメランヒトンによって見出された形式化を踏襲します。一五三一年秋のアウクスブルク信仰告白への弁明において記録された理解は数十年間にわたり公的に認められます。一五八四年にそれは一致信条書となりますが、一五八〇年にルター派信条書として構成されたものです。ただし、それ以前の、まだ未成熟な一五三一年四月の版によって補足されています。

最初の教義学においてではなく、他の後の著作においてメランヒトンは結婚についてもテーマとして取り上げました。彼は結婚のなかに「神のわざ」を見出します。それは猥褻行為を妨げるのに役立つのみならず、男と女が愛にあふれて一緒になるなかで小規模の教会を実現することにもなり、加えて男と女が身体上ひとつとなることはイエス・キリストにおいて現実となった、神と人間との一体化の前兆および似姿を表すからでした。しかし、メランヒトン自身の結婚経験は全く違うものでした。

しぶしぶの結婚

中世において独身生活は尊敬の念をもって受け止められていました。司祭や修道士や修道女は結婚を放棄しましたし、学者もまたそうでした。ロイヒリンやその他の人文学者は結婚しませんでした。妻や子どもがいないことで男は移動可能になり、学問に徹底して集中することができたのです。そうでなくとも性的なものは罪深いものと忌み嫌われていました。

メランヒトンがヴィッテンベルクで仕事を始めたとき、彼はまず遅くとも一五一九年八月以降は何人かの学生たちとともに、今日のわたしたちがいう住居共同体のなかで暮らしています。しかし、ルターと他の同僚たちは、こうした生活の状況を徐々に注意して見るようになりました。というのも、彼らはメランヒトンが十分な食事をとっておらず、しかもその結果として彼の健康が損なわれることを恐れたからです。そこで、彼を結婚させようとしたのです。若き学者は一五二〇年の終わりにこうしたことにしぶしぶ巻き込まれてしまいます。というのも、彼は若者の模範になろうとしたにもかかわらず、「肉の弱さ」も感じていると白状してしまったからです。しかし、彼は結婚生活が研究を損なうのではないかと恐れました。それに対して、ルターは一五二〇年にはまだ修道士として生活しており、ようやく五年後に夫婦の契りを結んだのでした。

メランヒトンは街の上流階級出の女性、カタリーナ・クラップと結婚します。彼女は市長出入りの仕立屋の娘であり、二三歳でした。彼女については当時の人々からいろいろな証言が残されています。多くの人々は夫人がすでにいくぶん歳をとっていたので、ゆえに結婚にはもう遅いと思っていました。多くの娘たち、後にメランヒトンの娘もまた、もう十年は早く結婚していきました。後期中世における女性の平均的な婚姻年齢は今日の認識からすれば二四‐二五歳と見積もられます。フィリップとカタリーナが奇異であり目立ったのは夫人が夫と同じくらいの歳だったからです。それは通常なかったことで、ヴィッテンベルクの人々は疑念の目をもって見ました。ふつうなら年上の男は若い女と結婚します。コンスタンツからの学生トーマス・ブラーラーは手紙にこう書いています。「フイリップはほとんど同年の女と結婚したが、彼女は月並みの容貌で嫁入り持参金はほんのわずかだ」。ヴィッテンベルクでは、カタリーナはすでに処女ではないという噂まで流布していました。

こうしてメランヒトンの結婚生活は不幸な前兆の下で始まります。そして、一五二〇年一一月ある友人に宛てた手紙で、間近に迫った結婚式を「苦難の日」と囁いたことには驚かされます。もっとも、手紙は他人の手に渡った場合に備えて賢くもギリシャ語で書かれていました。カタリーナ・クラップがこれを目にすることは確かにありませんでした。

結婚してすぐに最初の諍いがありました。そのきっかけは特異なものでした。メランヒトンは同じく結婚したばかりのヨハン・アグリコラに紹介された若い学生を自分のところに〔書生として〕住まわせようとします。メランヒトンはそうした男性同士の友情はさらに培っていけると考えていました。しかし、カタリーナは家族がこうしたことを支援するのには断固として反対します。新しく計画された住居共同体は実現しませんでした。大きな落胆のなかでメランヒトンは先の友人に手紙を書いています。「わたしは、わたし自らの主人であることを止めてしまった」。一五二一年の手紙ではさらに結婚生活の「くびき」について嘆き、その苦しみの大きさを訴えています。彼はこうした状況を神から与えられた「隷属」と見なし、次のように明言します。「これ以上の厳しさをお与えになりませぬように」と。しかし後々になると、妻に関するメランヒトンの肯定的な証言や、深い愛情および心からの思慕の表現も現れるようになります。

おそらくこうした結婚生活に伴う最初の不満は、メランヒトンが一五二五年のルターの結婚の決意に賛同しなかった隠れた理由となりました。外に向かって彼は農民戦争のごたごたに直面して結婚が時期のよくないときに行われたと明言しました。彼は何がルターをして実際に結婚へと踏み切らせることができたのかあれこれと考え、かつての修道女にルターが正式に求愛したと話しました。おそらく絶え間ない交際がルターを「軟化させ」、そして「燃え上がらせた」のだ、と。メランヒトンも、ルターはすでに婚姻前に妻となるカタリーナとできていた、というヴィッテンベルクに広まる噂を知っていましたが、でっちあげだと考えていました。

カタリーナ・クラップにとっての結婚の成果とは、まず〔残念ながら〕社会的な下降でした。というのも、一五二〇年当時のメランヒトンは貧しかったからです。彼は年に六〇グルデンしか得られませんでした。一五二四年終わりに彼は結婚式以来四年間妻に一着も新しい着物を買うことすらできないと嘆いています。成人の最低生活費は当時で年に二〇グルデンでした。一五二五年からメランヒトンは年にまずは二〇〇、後に三〇〇、そしてついに四〇〇グルデンと一番の稼ぎ手になっていきます。おまけに彼は特別教授のポストに就き、教授自由の特典を受けることになりました。財貨をメランヒトンは浪費しませんでした。彼はルターとは全く異なり、ずっと禁欲的に生活しました。しかし、客を手厚くもてなし気前はよかったのです。

資料は、カタリーナには所帯をきりもりする能力がなかったと証言しています。とりわけルターの妻で福音派牧師の妻のモデルともいえるカタリーナ・フォン・ボラと比べると、彼女は至りませんでした。ところで、二人の宗教改革者の妻同士は個人的にもあまりよく理解し合ってはいませんでした。しかし、メランヒトンの家にはすでに一五一九年以来、家計や子どものの教育に気を配る友人であり、使用人となる人物が住み込んでいました。それは、ハイルブロンのイルスフェルトから来たヨハネス・コッホで、彼はもともとは勉学のためにヴィッテンベルクにやってきました。一五五三年の死に至るまで、彼はメランヒトン家の家事をやりくりします。四人の子どもたちは後にそれぞれ結婚することになりますが、もっとも一人は生まれてすぐに亡くなりました。メランヒトンの末裔は今日にまで続いています。

メランヒトンの妻は夫の学問上の仕事に関心を抱くことはなく、出張にも同行しませんでした。彼女の側では戦争や伝染病や亡命を味わっていました。カタリーナとの結婚は、不都合なときにもかかわらずヴィッテンベルクに止まり続けた、確かにひとつの理由にはなっていました。妻は繰り返し重い病にかかりました。一五五七年、メランヒトンがちょうど旅に出ていたとき彼女は亡くなります。彼女の墓は、ボラとは異なり、現存していません。

マイホーム

メランヒトンの妻は結婚とともに小さな家をもたらし、そこに夫婦はまず住んでいました。しかし、一五三六年、メランヒトンが有名になると、それは取り壊され新しい建物となりました。一五三二年より統治し、後に「堅忍侯」と呼ばれた選帝侯ヨハン・フリードリヒ一世は、その著名なヴィッテンベルクの教授に、総石造りの大きな三階建てのルネサンス風の家を贈ったのです。それは美しく卓越したアーチ型の切妻で装飾され九四六グルデンもしました。ルターはすでに以前から住んでいた修道院を個人用の住居として贈られています。

よって一五三六年以来、メランヒトンは家族とともに社会的身分にふさわしい、街の中心にある美しい現代的な家で生活を始めたのでした。それは大学からは近距離にあり、ルターの住居からは離れていました。通りには大規模な仕事部屋があり、中央部の厚いガラス板がはめられた三つの大きな窓が備えられ、草木の茂る庭までもあり植物学的な興味を追求することもできました。一五五六年に建物は比較的近代的なヴィッテンベルクの給水設備とつなげられ、掘り抜き井戸が備えられます。

少数の学生がメランヒトンの家で生活しました。何人かは別れの際に勉強部屋にワッペンを張り付けていきました。〔現在も〕一五四三年と記された、ケルンからの学生フリードリヒ・バッハオーフェン・フォン・エヒトとヘルマン・リングの二人のワッペンが保存されています。

この家は現存していて、コレギエン通り六〇番地に訪ねることができます。そのなかにしまわれて展示されているものはメランヒトンの生涯と業績を明らかにしてくれます。庭はメランヒトンの多方面に渡る学問的興味を想い起こさせてくれます。一五五一年に据えられたスレート板の石テーブルもまだ現存しています。ただ「P Melanchthon 1551」という碑文はおそらく一九世紀に記されたものでしょう。庭を飾る二本のイチイも、おそらくメランヒトンの時代からのものではありません。

ついに、ザクセンでの宗教改革

宗教改革はドイツでは一五一七年以来、来る年も来る年も休みなく進行し続けます。しかし、その発祥の地ザクセン選帝侯領では、一五二二年以来何年も停滞したままでした。それには内的かつ外的な理由がありました。

ルターは性急な変革ではなく、まずは人々の考え方を変えることを望み、その際、古いものの担い手たちに気を配ることを心得ていました。ルターの宗教改革は、言葉と説教の宗教改革でした。礼拝そのものの変革には慎重でした。一五二三年、彼は典礼にふさわしい新しい宗教改革的な原則（ミサと聖餐の原則）を著しましたが、ラテン語を用いていました。そして説教だけがドイツ語でされるはずでした。

もっともザクセン選帝侯領では、もちろんルターを保護した領主に対しても配慮すべきでしたが、彼は福音的な信仰についてはあまり精通していませんでした。死の床にあって、やっと一五二五年にフリードリヒ賢公はパンとぶどう酒による聖餐に与り、それによってようやく新しいものに開かれることになったのです。フリードリヒにはヨハンが続きました。彼は宗教改革の断固とした闘志あふれる担い手でした。ゆえに、彼には後に「堅忍侯」の別名が添えられることになります。ついにザクセン選帝侯領でも宗教改革が進行することになります。

ついに、ザクセンでの宗教改革

ザクセン選帝侯領のような大きな領地に宗教改革を導入するには、巡察もしくは「査察訪問」が必要でした。巡察は中世にもありました。それは教会の状態をコントロールするのに役立ちました。司祭はその下にある小教区の司祭、ならびに教区や修道院を訪ねました。宗教改革の時代、領邦国家の委員会は官吏と神学者から成り立っており、彼らはあちこちを転々として旅し、訪問した際にその状態、つまりモラルの状況、神学的な見解、聖職者の教養の程度、そして教会の財産を査察するのでした。巡察の後、適切でない聖職者は解任され、新しい司祭が当局によって任命され、修道院は閉鎖され、教会の財産は没収されました。教会から没収された財産は、一部は司祭や教師の給料、さらに貧者救済に用いられ、一部は領主の家族や宮廷の財政改善に用いられました。宗教改革の導入はある領主にとっては常にもうかる出来事でした。それは領主により大きな権力をもたせ、その財産を増加させたからです。

ザクセン選帝侯領での最初の巡察は一五二四年に行われました。それはルターがテューリンゲンにあるオルラミュンデに旅し、そこでかつての同僚であるカールシュタットの働きによって信徒たちとの対話に至ったためでした。一五二五年、アイゼナハ地域で巡察があり、それはアイゼナハの説教者ヤコブ・シュトラウスによって実行されました。同年ルターは新しい選帝侯ヨハンに領国全体に渡る巡察を実行するように要請します。選帝侯による二人の市参事会員と二人の神学者によって、このための委員会が作られることになりました。一五二七年にも選帝侯は提案に従い、このために公式な通達を出しました。これに続く時代は繰り返し選帝侯領全体にわたる巡察が行われます。メランヒトンはそれに関わりながら決定的な役割を果たしました。

一五二五年、ルターは――ついに――新しいドイツ式礼拝を生み出します。それは「ドイツミサと礼拝の順序」となり、一五二六年には新しい洗礼式が作られました。一五二九年には結婚祭式書と賛美歌集が続きました。すでにヴァルトブルクでルターは説教集〔標準説教集〕に取り掛かっており、それは牧師の説教の手助けにしようとするものでした。しかし、巡察を敢行していくなかで次のことがすぐに明らかとなりました。すなわち、牧師と教師には宗教改革の神学的認識をまとめた、しかも教会規則という形で実際的な問いに答えるような手引書を与える必要がある、ということです。メランヒトンはこの課題を引き受け、一五二七年、ヴィッテンベルクとその周辺を巡察した最初の経験を背景にして、ラテン語で『ザクセン選帝侯領内で巡察によって求められたことがらに関する綱目』（ザクセン巡察綱目）を記しましたが、これは草稿として書き留められたにもかかわらず、その意図とは関係なく印刷されました。テューリンゲンでの巡察の後、ドイツ語で『巡察指導書』が著され、それは選帝侯とルターによる正式な承認を経て一五二八年二月に印刷されます。

メランヒトンの『指導書』はルターの序文で始まり、実にさまざまな事項を扱っています。

その内容は次の通りです。福音神学の教理、十戒、祈り、苦難に際してのキリスト者の振舞い、洗礼、聖餐、悔い改め、ざんげ、罪に対する償い、教会規則、結婚問題、自由意志、キリスト教的自由、トルコ人による脅威、教区民による礼拝、聖餐からの除外、教区監督の働き、学校の設置と教授内容。

巡察綱目ならびに『指導書』はルター派の内部で最初の大きな論争をもたらしました。いわゆる最初の反律法論争です。律法の説教および善い行いがこのなかで求められていたからです。メランヒトンは『指導書』を自らの経験に基づいた状況描写から始めています。領国の多くの牧師は信仰について説教し罪の赦しを告げるかもしれないが、一方で人がいかにして信仰に至ることができるのかという問いを見過ごし、他方で悔い改めの必要性について語っていない、とメランヒトンはいいます。つまりメランヒトンは悔い改めを抜きにして罪の赦しはないと述べるのです。人々は誤った説教によって「自信家で大胆不敵」になるといいます。メランヒトンはルカによる福音書二四章四七節に従い、福音を「完全に」説教すること、すなわちキリストによる悔い改めの呼びかけを要求します。人々は「熱心かつしきりに」悔い改めへと勧告されなければなりません。そして、その罪を悔いるよう求められるべきであり、神の裁きを前にした怖れが吹き込まれなければなりません。説教者は重大かつ明確な罪だけを弾劾するのみならず「誤った聖性」に目を向けさせ、間違った聖人を厳しく悔い改めへと戒めなければならないのです。メランヒトンは牧師に十戒をたびたび説明し、神がいかにして罰を与えるのか、人々に聖書や他の事例によって示すように、と具体的に勧めます。裁く神を述べ伝えることが最初なのです。その後に、メランヒトンによれば人は悔い改めと改悛へと促され、罪の赦しと義をもたらす信仰について語られなければならないというわけです。

メランヒトンのこうした考えはルターのなかにも見出され、教義としては「律法と福音」という定式で表現されます。しかし、メランヒトンはさらに第三のものを付け加え、こう言葉にしました。「キリスト者の生の第三の部分とは、善行を実践することである」。メランヒトンはこの言葉の下で、貞操、隣人愛、十戒の遵守、祈り、そして苦難のなかにあっても正しく振舞うことを念頭に置いていました。メランヒトンは牧師に対して、姦通者や大食いといった重大で改悛の情のない罪人は、たび重なる成果のない訓戒の後には聖餐から除外するように勧めています。

善行と律法とのこうした新しい強調に対して反対したのが、メランヒトンとルターの学生であったヨハン・アグリコラです。彼はカタリーナによって禁止された同居人であり、当時はアイスレーベンの学校教師をしていました。彼はメランヒトンによって要請された悔い改めの説教を拒絶し、牧師は恩恵のみを、神の愛だけを説教すべきであると考えました。しかし、ルターはメランヒトンに味方し、それによって論争はひとまずけりをつけられます。これは最初の反律法論争として歴史に残ることになります。

後にルター派においては、さらに広範な反律法論争が起こることになります。その第一段階は、メランヒトンの学生でありヴィッテンベルクの神学教授となったゲオルグ・マヨールによって他の者たちとのあいだで引き起こされたもの（マヨール論争）です。一五五二年、プロテスタントにおける律法の軽視とは一線を画して、善行が救いにとって必要不可欠であるとまで主張したとき、他方では善行が救いにとっては有害であるとされるような、先鋭的な反律法主義的反対意見が出されたのです。

宗教改革が果たした重要な役割は、学校制度を改革したことにあります。ルターは社会的な弱者や少女に対しても教育を要請し、メランヒトンはこうした要請に対して実践で応えたのでした。

学校と大学への関わり

メランヒトンは情熱的な教師でした。大学で若者の教育に尽力しただけではなく、自宅にさえこの若い教授は学校を――経済的な理由もあったのですが――開きます。およそ十年間、一五二一―二二年から一五二九―三〇年まで学校は存続し、多くの優れた名前がそこには数えられます。メランヒトンの生徒たちは読み・書き・計算・ラテン語を学ぶのみならず、祈りをも学びました。朝な夕なにテーブルにてメランヒトンの家では祈りが捧げられました。彼は私的な生徒たちのために特別な祈祷本さえ作成したのでした。

メランヒトンは好んでしばしば個々の生徒のための学習プランを作成しました。彼には大学の学生にはテューターを付けるという意図があったのですが、あらゆる場面でそれは不成功に終わります。学生にとっては過剰な統制がかかるという不安がありましたし、講師にとっては余計な負担にしりごみしましたし、街からの補助金も欠けていました。ヴィッテンベルク大学におけるメランヒトンの教授効果は絶大でした。特にルターのためというわけではなく、メランヒトンのために学生はヴィッテンベルクにやってきました。一五二〇年にはすでにメランヒトンの講義には五〇〇―六〇〇名の聴講者を数えることができます。ルターにおいては四〇〇名でした。これはメランヒトンが学生の基礎教育の面倒を見ていたことと関係があります。学生の一部だけが修士号で完結する基礎教育を終えて、さらに神学研究へと進みました。たいていの福音派牧師は修士に止まり、神学という最終段階まで至るものはほとんどいませんでした。

メランヒトンにとって教育学は、なおも自立した学問ではありませんでした。ゆえに、彼は教育学の教科書も書きませんでした。しかし、彼は教育（学）的なテーマについては語り、修辞学、倫理学、心理学の枠内の他でも、教育学的な問題を取り扱いました。「ドイツの教師」は、教養の問題についてどのように考えていたのでしょうか？

教養はメランヒトンにとって自己目的ではありません。彼は教養が象牙の塔のなかで営まれることを欲しなかったのです。彼は中世的な詭弁と社会からの退却に対して、これらを論駁しました。統治する国家があるところの状況がよくなればなるほど、学芸や学問を熱心に学ぼうとするのとは反対の状況がより大きくなります。教育政策はメランヒトンにとって社会のレベルを測る尺度でした。

メランヒトンは教師に、その職業にあることを祝福しました。学校と関わる生〔学究的生〕

以上に喜びをもたらしてくれる存在形態はありません。目の前の精神的に健康な者と関わるなかでの真理の認識は、言葉に表せない快楽をもたらしてくれるのです。というのも、そうした認識を見出すことにこそ、人間が創造された最高目的があるからです。メランヒトンは学究的生のなかにパラダイスの似姿と彼岸における生、天のアカデミーの前兆を見出したのでした。人生に仕える学問の維持および普及は人間が考えうる限りにおいて、もっとも神聖であり神に喜ばれる活動なのです。学校そして大学に人は同じ敬虔な気持ちをもって入学すべきです。信者が教会に足を踏み入れるのと同じです。というのも、学校および大学においても人は聖なるものを取り扱うからです。

メランヒトンにおける教育の根本概念とは、雄弁、読書、模倣、そして演説です。最高の指導概念はエロクエンティア、つまり雄弁です。これは言葉と事物の理解、文法理解、現実認識といったものの教育に関わり、明晰な叙述能力と結びついています。対応する言語的表現を見出さない理解は真の理解ではありません。理解することと言葉で表現することは不可分なのです。雄弁への道はレクチオー、つまり読書へと繋がっています。古典を読むことを通じて言葉と内容が同時に学習されます。聖書を読むこともまたもちろん重要であり、日々の課題でもあります。読書にはイミタチオー、つまり古典作家、とりわけキケローの模倣が続きます。このように訓練されれば、人は自分なりにラテン語で話を組み立て演説できる能力を獲得することになります。ヴィッテンベルク大学でメランヒトンは一五二四年の学習課程に演説の慣習を導入し、これによって大学のスタイルを持続したものとし、それは今日まで影響を及ぼしています。

学習と教授のための極めて実践的な方法上の規則をもメランヒトンは打ち立てます。彼にとって実例は規則よりも効果的です。彼は何回でも繰り返すことを大事にします。わずかなことがらを基本から行うことには、多くのことがらを表面的に行うよりもずっと意味があります。大切なことは、単に聞くだけではなく自ら実行してみることです。さらに、気分転換は学習の空気を保ち、反対に退屈は効果的な学習にとって危険な敵です。

メランヒトンにとって教養には常に宗教的教養が含まれます。敬虔（ピエタース）と教養（エルディティオ）は密接な関係にある、と彼はすでに一五一八年の就任演説で明らかにしています。彼にとって、確かに敬虔を欠いた教養もあるにはありますが、しかし、真の高みに立つ教養は敬虔を必要とします。また反対に、メランヒトンにとって真の敬虔には常に教養が含まれます。教養を欠いた敬虔なる存在を彼は評価しません。人はどのようにして敬虔に至るかという問いに対して、メランヒトンはこう答えます。人は敬虔を実践し訓練することによってこれを学ぶのである、と。

巡察の旅を通じてメランヒトンは数多くのドイツ語学校を訪問し、これを改革しました。彼は三学級ラテン語学校、いわゆる三学学校の設立を促進しました。数あるなかでも、アイスレーベン（一五二五年）とシュヴァルツェン・エルスターにあるヘルツベルク（一五三八年）の学校のために彼は学校規則を作成し、それは『巡察指導書』のなかにも組み込まれています。

牧師の課題とは、メランヒトンの見方からすれば、親をしてその子どもを学校へやるように仕向けることにあります。学校へ通うことは必要不可欠なのです。というのも、教会および社会は学校教育を受けた人々を必要としているからです。ラテン語学校はメランヒトンの考えによると三つの学級に分けられます。第一学級で生徒は読み方を、なかでも主の祈りを用いて学習します。第二学級ではラテン語に打ち込みます。宗教教育は、聖書、カテキズム、そして詩編を手がかりにして行われますが、これらはメランヒトンにとって「キリスト教的生の集大成」でした。その際、多くのことが暗記されます。また「難解で高度な書物」を第二学年生に課してはなりません。それには、イザヤ書、ローマの信徒への手紙、ヨハネによる福音書があげられます。第三学級ではより発展したラテン語教授が、キケロー、ウェルギリウス、そしてオウィディウスを手がかりに行われ、加えて作文練習、そして弁証法と修辞学への従事が続きます。いうまでもなく、上達した生徒は常にラテン語で会話しなければなりません。

大学の設立および改革にもメランヒトンは同じように参加しました。ヴィッテンベルク大学のために彼は、その規約、すなわち学則を作成しました。それは講義の開始についてや内容を規定しているだけではなく、学生の振舞いに対する指示も与えています。メランヒトンは、とりわけテュービンゲン、フランクフルト・アン・デア・オーダー、ライプツィヒ、ロストック、ハイデルベルク、マールブルク・アン・デア・ラーン、ケーニヒスベルク、そしてイエナの各大学に影響を及ぼしました。設立と改革に関わるに際して、彼が絶対そこにいなければならないという必要性はありませんでした。彼はしばしば手紙を書いて助言を与えています。現地で働くかつての学生たちを通じても、彼は間接的に影響を及ぼしました。

大学改革に対してメランヒトンが寄与した模範例として、テュービンゲンのことを記してみましょう。彼はこの街の大学の形成過程と極めて密接な関係にあります。ヴュルテンベルク公国は一五三四年に福音派となりました。すでに同年、ヴュルテンベルクの宗教改革者エルハルト・シュネップフおよび大学事務局長ヨハネス・クノーダーは、メランヒトンに公爵からの指示によりヴュルテンベルクに来てもらえるよう手紙で求めていました。興味深いのは、古い信仰をもつテューービンゲンの教授たちがメランヒトンの招聘を望んだことです。というのも、彼は「喧嘩早くも妬みもちでもなく礼儀正しく親切で平和的だ」と思われていたからです。依頼はメランヒトンを刺激しましたが、決断は選帝侯に委ねました。選帝侯はメランヒトンがヴィッテンベルクに止まるべきであると決めます。しかし、一五三五年にメランヒトンの親しく信頼する人物で、それまでニュルンベルクの上級学校〔後のギムナジウム〕で教えていたヨアヒム・カメラリウスがテュービンゲンにやってきました。一五四一年まで彼はそこに止まり、それからライプツィヒ大学の教授となります。

一五三六年の春にもメランヒトンに対してテュービンゲンへの新たな招聘がありました。この大学都市を去って一八年。彼はそこを再訪します。テュービンゲンはかつて彼が学問生活を始めたところであり、招聘にも力を貸していました。一〇〇グルデンという贈り物とともに彼はヴィッテンベルクに戻りました。二度目は一五三七年、さらに一五四五年、メランヒトンはテュービンゲン大学教授への招聘を受けましたが、断りました。しかし、ヴィッテンベルクから彼はテュービンゲン大学の整備に関与し続けました。

メランヒトンの影響によってテュービンゲンでは言語学習が強化されます。学生はアリストテレスのみならず聖書をも原典で読まなければなりませんでした。法学部生には教会法に基づく授業は廃止されました。改革に抵抗する教授は解任されました。学生には福音派の礼拝への参加と道徳的な生活を送ることが義務づけられました。

最後に、メランヒトンは上級人文主義学校、いわゆる高等学校〔ギムナジウム〕を設立しましたが、なかでももっとも有名なのがニュルンベルクのもので、これは近代人文主義的ギムナジウムの模範となりました。一五二四年一〇月、そこで上級学校設立の提案が議決され、メランヒトンを校長に指名しました。そうした職務を、もちろんこのヴィッテンベルクの教授は断りましたが、しかし、一五二五年一一月には学校設立の準備のため、そして一五二六年五月には開設のため、ニュルンベルクにやってきたのでした。

ニュルンベルクへの旅は、メランヒトンに予想外にも、古い信仰をもつ修道女、ニュルンベルクのクララ修道院にいたカリタース・ピルクハイマーとの出会いをもたらすことになります。

カリタース・ピルクハイマーとの出会い

メランヒトンは修道士ではありませんでしたし、修道院で生活したいと考えたこともありませんでした。すでにルターの前で彼は堂々と次のように主張していました。修道士や修道女によって立てられた清貧、貞潔、服従の誓願には、何ら聖書による基礎づけはない、と。彼は純粋な外的義務遂行という方向性のゆえに、ルターがなおも固執した修道院的な定時課を批判しました。ルターとともに彼は修道院を学校に転換することを求めました。

こうした主張を人は多くの場所で繰り返す必要はありませんでした。多くの修道院は自然に空となったのです。修道士や修道女は逃げ出し、新しい生活形態として結婚を選びました。有名な事例はカタリーナ・フォン・ボラです。彼女は一五二三年に修道院を去り、一五二五年にルターと結婚しました。しかし、自らの生活形態を貞節なままにしておきたいという信念をもつ修道士や修道女と人はどのように交際すべきなのでしょうか？　こうした問いにメランヒトンは一五二五年、ニュルンベルクで直面します。この学者は古い信仰をもつ女子大修道院長ピルクハイマーと対話することになったのです。

カリタース・ピルクハイマーはバルバラ・ピルクハイマーとして一四六七年にアイヒシュテットで生まれます。彼女は名声ある富裕なニュルンベルクの上層階級の出であり、家は大きなヨーロッパの商社を所有していました。一四七九年に彼女は教育のため、その土地のクララ修道院に入ります。おそらく一四八三年に彼女は自ら誓願を立て、永続的に身を縛ることになります。修道名はカリタースとなりましたが、それはクララ修道女と基本理念をともにすることを意味していました。すなわち、愛です。カタリーナ・フォン・ボラとは異なって、彼女にとっては修道院における生活は問題になりませんでした。

すでに一四世紀に建てられたクララ修道院は、アッシジのフランチェスコの伝統にありました。クララ修道会はアッシジのクララに遡りますが、彼女はフランチェスコ会に従った最初の女性であり、一二一五―一六年にアッシジのフランチェスコから叩き込まれた新しい生活を使徒的模範に従って送ろうとしたのでした。フランチェスコは彼女のために修道院を設立し、クララ自身が組織を整えて修道規則を記しました。それは一二五三年に教皇によって承認されていました。ニュルンベルクのクララ修道院には六〇人が数えられ模範的な霊的生活を送っていました。ピルクハイマーは一五〇三年に女子修道院長に選ばれました。彼女は教養があり、しかもラテン語に秀でていました。彼女は注目すべき図書館を所有し、人文主義の学者たちと手紙で交際していました。人文主義者のなかにはわずかな女性と修道士が含まれていました。女性人文主義者は数も少なく修道院でも同様でした。カリタース・ピルクハイマーは人文主義に与し、しかも女性であり修道女、ゆえに修道院人文主義者であり、おそらく全く唯一の修道院フマニストでした。

それにしても、宗教改革は瞑想的な学問を修道院の壁の向こうにある敬虔や教養に向けられた生活へと変化させました。帝国都市ニュルンベルクは一五二二年には宗教改革に取り組んでいましたが、ルターの理念を行動に移すべく、一五二四年ルターが未だ修道士として生きていたときに修道院の解散に着手します。これはさまざまな方面に作用しましたが、とりわけ男性修道院には問題は起こりませんでした。が、クララ修道女たちは一致団結して頑固に抵抗し、福音派の都市においてもその修道院生活を古い信仰の担い手として継続しようと欲したのでした。しかし、ニュルンベルクの福音派当局および宗教改革者たちは、それを許すつもりはありませんでした。修道女たちからはフランチェスコ会の聴罪司祭が引き離され、福音派の説教者に従うよう強制されましたが、彼らは彼女たちを説教のなかで激しく咎めたのでした。修道女が定時課のため教会で歌うために集まっていると、福音派のニュルンベルク市民は聖障に向かって石を投げつけました。聖障とは、当時修道院教会で、通常は壁の形をした、聖堂内陣と身廊のあいだの仕切りです。彼らは祈祷していた修道女たちを妨害し、あるいは身体的に傷つけさえしました。娘を修道院に入れるという、かつての決心を悔やんだ福音派の親たちは修道院に殺到し、その娘を力づくで連れ去りました。痛ましい出来事が起こりました。都市の参事会によって、修道女に世俗の服を強制的に着用させ、クララ修道会の厳しい規則によって視線の交換を許さない、話すだけの窓から、顔が見える窓への変更が計画されたのです。ピルクハイマーはあらゆる力を尽くして修道会を守り、手紙を書き請願しました。その際、彼女は――ヴォルムスにおけるルターのように――彼らの良心を引き合いに出し、福音派の人々にトルコ人に対する寛大な振舞いや、己の宗教を信じつつも異教徒を許容することを思い起こさせるようにしました。何時間も彼女はニュルンベルクの宗教改革者アンドレアス・オジアンダーと話をしました。彼は暴力的な振舞いを正しく認識していました。

苦境のなかでピルクハイマーはその兄で、人文主義者のヴィリバルト・ピルクハイマーに相談します。彼は一五二五年の春、一通の手紙を古い友人であるメランヒトンに宛てて記し、心をつかむ言葉で状況を描写し、彼に仲介に入ってくれるように嘆願します。ヴィリバルト・ピルクハイマーはその際、彼自身は修道院生活を同様に批判的に見ているし、修道女になった二人の娘の人生行路を、その間に誤ったものと考えるよう認識させようとしました。が、彼の目に暴力が正当化されることはありませんでした。

一五二五年秋、メランヒトンがニュルンベルクへの旅路についたとき、カリタース・ピルクハイマーはこのチャンスを生かし、参事会構成員のカスパール・ニュッエルをして、メランヒトンが修道院を訪問した際に〔彼女と〕会談するという考えに賛成させます。目論みは成功しました。

一五二五年一一月一八日頃、メランヒトンはクララ修道院を訪ね、内密に女子修道院長と会談します。まず彼は宗教改革の関心事を明らかにしなければならないと思っていましたが、ピルクハイマーはこれをもう十分に理解していることを示しました。彼女が予想したのは、自身もそうですが、ともにする姉妹たちがその望みをもてないことを強調することで、宗教改革者たちが固有の行いではなく神の恩恵を頑固に主張するにつれて、行為義認の非難に遭遇することでした。メランヒトンは誓願に功績があると見なさない限り、世俗においてと同様に修道院においても人は敬虔になりうることを認めました。誓願の効力についての問いにおいて、しかし両者は同意見ではありませんでした。メランヒトンが誓願は永遠に結ばれるものではないという見解をもち続けたのに対して、ピルクハイマーは神との誓いは守らなければならないという考えでした。こうした不合意にもかかわらず、両者は友情のなかで別れます。

会談の後、メランヒトンは都市参事会のところでクララ修道女のために尽力します。彼は聴罪司祭の引き離しや修道女の誘拐を非難し、暴力的な手段に対しては明確に反対を表明しました。結果としてニュルンベルクの人々はクララ修道女らを平安なままにすることにします。ただ一人の修道女だけが、一五二八年に修道院を自らの意志によって立ち去りました。他のすべての者たちは生涯そこに留まりました。もっとも、新たな修道女はもはや受け入れられませんでした。しかも、クララ修道女に対しては古い信仰をもつ司祭による霊的な世話はもはや禁じられていました。よって、彼女らはもはや告解を行うことはできず、聖体拝領式ならびに病油、終油の秘跡を諦めなければなりませんでした。一五九六年に最後の修道女がこの世を去ってから修道院は取り壊されます。修道院教会だけは保持され続けましたが、それは一五三二年に亡くなった女子修道院長によって守られたものでした。彼女の墓は一九五九年に再び発見されます。今日では彼女にちなんで命名されたカトリックの教育センターが修道院の敷地にあり、そこに福音派の帝国都市における彼女の業績を偲ぶことができます。

ピルクハイマーはメランヒトンとの出会い後、その応対と人柄についてますます肯定的な意見を述べて、すべての福音派の人々が彼のようであったらいいのに、という願いを表明します。しかし、その他の者たちはそうではありませんでした。宗教改革が確かな地歩を占めたところではどこでも修道院の解散が先行しました。他の場所でも修道女たちはすぐに対立しました。しばしば修道院は事実上は学校に切り替えられました。宗教改革によって変えられた修道院がさらに存続しても、全くばらばらの状態になりました。とりわけ今日のニーダーザクセンの地域では、宗教改革後に福音主義の「婦人養老院」ができ、そこでは貴族階級に属する娘たちが福音主義のやり方で修道院生活を送りました。もっとも、こうした施設は最終的に貴族の娘たちのための扶養所となり、教会とは全く関係をもちませんでした。共同体における霊的生活もまた、特に徹底しているようには見えません。こうした婦人養老院のいくつかは今日まで存続していて、オスナブリュックの北西にある施設・ベルステルのように、ところどころで福音主義の精神による新しい修道院生活を求めるものもあります。

プロテスタント教会における修道院の新たな出発は一九世紀および二〇世紀に見られます。婦人社会奉仕員養成所ならびに修道団体が設立されました。少し以前からは「福音派ベネディクト会修道女」も存在します。またルターがかつていたエアフルトの修道院では、今日再び――福音主義によって形成された――修道院生活が送られています。

メランヒトンとピルクハイマーとの出会いは、信仰分裂の時代における教会合同の嚆矢《こうし》でした。教会合同のチャンスは一五三〇年のアウクスブルクにおける帝国議会でも提示されますが、それはすぐに打ち砕かれてしまいます。

帝国議会とアウクスブルク信仰告白

一五三〇年のアウクスブルク帝国議会は、宗教改革におけるもっとも重要な出来事に属します。それには長い前史があります。

一五二一年にルターが異端者の烙印を押され破門されたにもかかわらず、宗教改革はさらに地盤を固め、古い信仰をもつ人々による徹底した制圧はできませんでした。皇帝もまた福音派に対して行動には出ませんでした。というのも、その力は、彼が帝国の境でフランスやトルコに対して行っていた戦争から動かせなかったからです。

宗教改革のさらなる歴史にとって重要となるのは一五二六年にシュパイアーで開かれた帝国議会です。各帝国等族は未解決の問題に際してその良心に従うべきである、と会議は全員一致で議決します。福音主義の心情をもった諸侯は、これを宗教改革への転換を公認するものと見なしました。彼らは続く年、強力になっていきます。しかし、一五二九年三月と四月シュパイアーで新しく帝国議会が開かれ、メランヒトンはザクセン選帝侯から派遣された助言者として参加しました。なるほど皇帝はそこにはいなかったのですが、文書で何らかの提案を提出することを考えていました。彼は宗教和議および全国教会会議を望みましたが、その提案は遅れてシュパイアーで実現しました。彼の弟でオーストリアの大公フェルディナントは、一五二一―二二年以来そこの総督でしたが一五三一年にはドイツ王となり、それに伴い皇帝即位予定者となるはずでした。彼は、皇帝に提案されたものよりもほぼ独自の、さらに妥協するところの少ない提案を抱いていました。公会議まで改革を禁じること、一五二六年の議決を破棄すること、違反の場合には帝国追放で脅かすこと。この提案に大多数が従います。共同の公会議が約束されましたが、それまですべての改革ははっきりと禁止されました。礼拝は至るところで黙認されなければなりませんでした。

もっとも、この議決は重大な法学上の問題とからんでいました。そもそも全会一致で議決された帝国議会決議を、新たな多数派を通じて少数派の意志に反して破棄することなど可能でしょうか。一五二九年四月、支配下にある福音派等族は四度抗議を試み、信仰に関わることがらは多数決投票によって決定されるべきではない、と明言しました。帝国等族はおのおの自らが神の前にて釈明をし、その振舞いに責任をもたなければならない、と。一九名の署名者が「抗議書」を携えましたが、このことにより福音派に対しては、ずっとと後に「プロテスタント〔抗議する者〕」との異名が添えられることになりました。一九名とは、ザクセン選帝侯、ヘッセン、ブランデンブルク-アンスバッハ、ブラウンシュヴァイク-リューネブルク、アンハルト（ケーテン）、シュトラースブルク、ニュルンベルク、ウルム、コンスタンツ、そしてさらなる都市です。こうしたところまで宗教改革は一五二九年までに広まっていたのです。

一五三〇年に再び帝国議会が開かれることになり、皇帝カール五世はいまや確固たる計画と可能性に自ら関与します。この新たな帝国議会を前にして彼は福音派に対して帝国議会で集まるに際し、自らの信仰について詳述するよう要求したのです。彼は軋轢を平和裡に調停しようとしました。福音派は自分たちの信仰が皇帝に受け入れられるという希望を抱きました。そして、共通の信仰告白といいうるところのテキストの推敲に熱心に取り掛かります。これにはメランヒトンが当然しかるべき主な責任を引き受けることとなりました。というのも、ルターは異端者および帝国追放者として身と生命の危険なくしてアウクスブルクへと旅することはできなかったからです。ルターは会議の開催地までできるだけ接近し、当時はザクセン選帝侯領に属していた、今日の北バイエルンのコーブルク要塞に宿をとります。信仰告白の推敲は、しかし事件の場所でも続けられなければなりませんでした。メランヒトンは五月二日から九月二三日までアウクスブルクに滞在します。

福音派の希望はアウクスブルクでいとも早く打ち砕かれます。というのも、皇帝は自らをすぐに明確に古い信仰の担い手であると表明し、都市における福音派の説教を禁止し、聖体行列に参加することを命じたからです。メランヒトンは他の福音派神学者たちとともに、また福音派諸侯と常に同調しながら信仰告白の文書に取り組みました。彼は反対側に対して、宗教改革が原則において共通のキリスト教的なるものに立脚し、ゆえにその中心点においては合意することがほとんどであり、ただ「誤用」が忍び込んだところにおいてのみ古い教会への批判がなされている、と合図を送ろうとしていました。信仰告白はラテン語版とドイツ語版によって平行して編纂され、特徴ある二部分から成り立っています。第一部は、神論ならびに罪理解がどのようなものであるかがテーマですが、教会論およびサクラメント論も扱われています。全部で二一の条項があり、名目上は一致するとの主張がなされています。第二部は、異論のある問題が六つの条項に渡って論じられています。それは、並信徒聖杯（教会員に対する聖餐の際のぶどう酒）、貞節（司祭の独身制）、ミサ聖祭（ミサの際にキリストの犠牲が再現されるという教え）、修道誓願といったことがらです。巧みな策略あるいは熱心な提案として妥協できると思われていた行動は、しかし、アウクスブルクにおいて上首尾とはいきませんでした。

一五三〇年六月二五日、暑い夏日の午後三時、アウクスブルク信仰告白、ラテン語ではコンフェシオー・アウグスターナあるいは略してCAが、ドイツ語版で皇帝および帝国議会員を前にして読み上げられました。ドイツ語が分からないカール五世は、そこで寝入ってしまいます。しかし、メランヒトンはそこにはいませんでした。彼はアウクスブルクの宿で腰かけ、疲労困憊して涙を流していました。司教館の参事会ホールでの読み上げは、ザクセン選帝侯国の長官、ヴィッテンベルクのクリスティアン・バイアーによって行われました。

アウクスブルクで提示されたアウクスブルク信仰告白が唯一の福音派信仰告白ではありません。シュトラースブルクの先導の下、四つの「上部〈南部〉ドイツ」、すなわち南西ドイツの都市は『四都市信仰告白』（コンフェシオー・テトラポリターナ）を提出し、チューリヒの宗教改革者フルドライヒ・ツヴィングリは『信仰の責任』（フィディ・ラチオ）を提出しました。しかし、アウクスブルクではアウクスブルク信仰告白以外のものは聞き入れてはもらえませんでした。これらの信仰告白とアウクスブルク信仰告白との主な違いは聖餐の理解にあります。ルター派はこの問題においては、シュトラースブルクおよびチューリヒの人々よりも古い信仰の者たちに近いのです。

古い信仰の人々はアウクスブルク信仰告白に対して『反駁』で応えます。『コンフータターチオー』は八月三日に読み上げられましたが、それはプロテスタントには掲示されませんでした。

それに対してメランヒトンはラテン語で『弁明』を著しましたが、皇帝はその受理を九月二二日に断ります。カール五世は福音派に『反駁』を受け入れるように求めました。カトリックの多数派はヴォルムス勅令を承認し、一年以内に公会議を開く約束をしました。福音派諸都市は新たな抗議の内に帝国議会を後にします。一一月一九日の帝国議会決議はアウクスブルク信仰告白に反対することを宣言しました。

舞台裏では当時なおも個人的かつ公式の会談と折衝が行われており、そのなかでメランヒトンは神学的な一致への真意を汲み取る機会を模索しています。八月には公式の委員会折衝が行われ、そこで両陣営からの諸侯および神学者たちが妥協案を模索しました。教会の確執の継続が遅かれ早かれ戦争という結果に至るだろうことは、だれの目にも明らかだったのです。

義認論に関する話し合いのなかで古い信仰の者たちのために再び論争に加わったヨハン・エックは、「信仰のみ」を受け入れまいとします。そして、義認は「恩恵と信仰による」成果であるという定式で折り合いがつきました。それに双方は同意することができたのですが、しかし、恩恵にはその都度さまざまなことがらが結び付いていました。エックにとって恩恵は人間にある新しい質(ハビトゥス)を付与すると考えられ、その結果として愛の行いを生じさせるように作用します。これはカトリックの理解では義認に属しています。それに対しメランヒトンにとって恩恵は聖霊の働きであり、それはあくまでも義認にふさわしい信仰を生じさせると考えられています。言葉の上での妥協は見出されたものの内容的には歩み寄ることはありませんでした。

こうした義認論の定式化における部分的な成果や、司祭の管轄権を容認する用意があったにもかかわらず、会談は徒労に終わります。こうしたことをメランヒトンはルターと話し合っていましたし、古い信仰の者たちにおいては、並信徒聖杯を放棄し私的にミサを存続させることを許すとしていたにもかかわらずです。古い信仰の者たちにとっては、ミサにおいても司祭の結婚についてもこれを容認する準備は整っていませんでしたし、福音派の陣営においてもまた、どこまで古い信仰の者たちに歩み寄るべきなのか、見解は一致していませんでした。メランヒトンがさらなる妥協へと傾くあいだに、特にニュルンベルクの市参事会および神学者は強硬な路線を追求します。プロテスタント陣営における軋轢が結果として生じることになってしまいました。

ルターはコーブルク要塞からこうした出来事に非常な関心を寄せ、アウクスブルクに宛てて手紙を書きます。彼は、メランヒトンを強め、慰め、励まそうと試みますが、正しい道を指し示そうともしていました。共同での話し合いの路線はすでに三月には終了することが決められていました。ルターはメランヒトンがアウクスブルクで成し遂げた業績に全体的には満足していましたし、アウクスブルク信仰告白についてもそうでした。彼には、自身がこうした困難な調停の仕事を成し遂げることはできなかったであろうというのは明らかでした。これと関連して彼はメランヒトンにかつてこう書いたことがありました。彼、つまりルターは、「これほど穏やかにことを進めることはできないであろう」と。それは賞賛と考えられます。が、そこから後に非難がなされることにもなり、ルターの口には、メランヒトンは真の告白者ではなく追従者である、という発言があてがわれることになりました。

宗教改革史におけるもっとも重要なアウクスブルクでの帝国議会には、多くの逸話や伝説がまつわりついています。メランヒトンは後に、古い信仰による崇拝や聖餐の要素の賛美への反証をあげ、そしてエックが彼を論駁できなかったとき、彼がエックをどれほど責め立てたかを証言しています。エックはそのことで怒り心頭に達し、夜に酒を飲み過ぎて、そして病気になってしまったとのことです。

アウクスブルク信仰告白はその特殊な成立背景にもかかわらず、すぐにルター派教説の公的な表現、つまりルター派による主要な信仰告白と見なされます。一五五五年それはアウクスブルク宗教和議の根拠となり、一五八〇年には和協信仰書の一部となりました。多くのルター派神学者たちは福音派教説の明瞭な整理を望んだにもかかわらず、慎重なスタイルが認められました。アウクスブルク信仰告白はすでに一六世紀、そして本格的には一九世紀における教会一致の形成に際して改革派教会との橋渡しとして利用され、より最近においてはローマ・カトリック教会との神学的な一致へ向けた橋渡しとしても有効であることが示されました。一九八〇年代、カトリックの指導的な神学教授たち、特に「キリスト教界の一致要請に関する教皇委員会」の現在の議長で枢機卿であるヴァルター・カスパーは、当時テュービンゲンの神学教授であり、アウクスブルク信仰告白をカトリックは高く評価し、アウクスブルク信仰告白が定式化した立場に同調することが可能である、と表明しました。これによってメランヒトンが一五三〇年に望んでいたことが何世紀も後にようやく実現したのです。

一五三〇年には、しかし、帝国議会が不成功に終わった後、ドイツを戦争が、宗教—市民戦争が脅かすことになります。

信仰のための戦争？

すでに一五二〇年代、信仰をめぐる争いは今にも宗教戦争に転化しそうでした。メランヒトンは常に戦争が勃発しつつあり、それには根拠がないことを予想していました。

福音派も古い信仰の者たちも、すでに二〇年代には自らの系列に閉じこもり、同盟を結ぼうとしていました。一五二四年、レーゲンスブルクでヴォルムス勅令の貫徹に向けた同盟が結成され、そこにはバイエルン、ザルツブルク、さまざまな司教区、そして大公フェルディナントが集まりました。一五二五年、デッサウでゲオルク・フォン・ザクセン、ヨアヒム・フォン・ブランデンブルク、アルブレヒト・フォン・マインツ、そしてブラウンシュヴァイクの諸侯らは、同じ目標設定のために同盟を結びます。一五二六年の始めにはゴータ同盟に福音派諸侯が集まりましたが、そのなかには選帝侯のヨハン・フォン・ザクセンとフィリップ・フォン・ヘッセンがいました。さらに同年トルガウでヘッセンとザクセン選帝侯は、リューネブルク、メクレンブルク、アンハルト、マンスフェルト、そしてマグデブルクと同盟を結びました。

一五二九年、シュパイアーでの帝国議会の後、ザクセン侯およびヘッセン侯といくつかの諸都市とのあいだで秘密同盟が成立します。しかし、アウクスブルク帝国議会あるいはむしろその不成功が、初めて大きな打撃力のある同盟の成立へと導いたのです。

すでに一五三〇年一二月末、福音派諸都市は防衛同盟について話し合い、一五三一年二月にそれは締結されます。上部〔南部〕ドイツの帝国都市も構成員となりましたが、ニュルンベルクとブランデンブルク―アンスバッハは加わりませんでした。信仰告白の基盤はアウクスブルク信仰告白および当初は四都市信仰告白にありました。八人の諸侯や一一の都市も集結します。すなわち、ザクセン選帝侯領、ヘッセン、ブラウンシュヴァイク‐リューネブルク公国、ブラウンシュヴァイク‐グルーベンハーゲン公国、アンハルト‐ベルンブルク侯国、マンスフェルト伯爵領、シュトラースブルク、ウルム、コンスタンツ、ロイトリンゲン、メミンゲン、リンダウ、ビーベラッハ、イスニイ、リューベック、マグデブルク、そしてブレーメンです。後に、ブラウンシュヴァイク、ゲッティンゲン、エスリンゲン、ゴスラー、そしてアインベックも加入しました。

話し合いはシュマルカルデンで行われましたので、これはシュマルカルデン同盟と呼ばれます。今日のテューリンゲンにあるこの場所はヘッセン方伯領に属し、ザクセン選帝侯領の近くでもありました。ヘッセンとザクセン選帝侯領は宗教改革の主要な領土でした。この強力な両陣営のあいだにある場所で協議することになったのは好都合でした。ゆえにこの場所は、その名前をプロテスタントの軍事同盟にも、そこで後に定式化された信仰告白にも、さらに後にこの同盟において組織されたプロテスタントに対する皇帝による戦争にも付けられることになったのです。

ヘッセンとシュトラースブルクはスイス（チューリヒ、ベルン、バーゼル）をも喜んで同盟に迎え入れましたが、ツヴィングリとその信奉者たちは四都市信仰告白を認める気はなく、アウクスブルク信仰告白に至ってはなおさらでした。スイス連邦では宗教改革の独自の分派が定着しており、彼らはヴィッテンベルクからの指導を欲していませんでした。後にこうした土台の上に独自の福音派教会組織が成立しますが、それはツヴィングリにちなんでではなく、「改革された」もの、あるいは――ジュネーヴ人の宗教改革者ジャン・カルヴァンによる後の影響力のゆえに――「カルヴァン派」教会と呼ばれます。福音派教会はすべて「宗教改革派」ですが、スイスでの宗教改革に由来するものだけは「改革派〔カルヴァン派〕」と呼ばれるのです。今日カルヴァン主義はルター主義よりも世界的には、より強力です。

同盟政治的な理由からヴィッテンベルクの人々はシュトラースブルクと聖餐の問題で一致す

るように努力していました。一五三四年一二月、メランヒトンとシュトラースブルクの宗教改革者マルティン・ブツァーはカッセルで落ち合います。一五三六年五月、シュトラースブルクの神学者がヴィッテンベルクにやってきます。「ヴィッテンベルク和協」において譲歩の定式が確立されましたが、それはメランヒトンが提案したものでした。聖餐のパンがキリストのからだと結合することが表明され、もはや「実体における一体性」（ウニオ・スブスタンターリス）ではなく、「サクラメントにおける一体性」（ウニオ・サクラメンターリス）が、もはや「不信仰者」（インピオール厶）ではなく、「不相応な者の聖餐参加」（マンドゥカチオー・インディグノールム）が、サクラメントを受ける際に信仰者と関連した問いとして扱われました。後にメランヒトンはこうした新しい用語法をアウクスブルク信仰告白の改訂に取り入れます。

シュマルカルデン同盟は広範囲な反ハプスブルク同盟に仕立てるため、イングランド、フランスそしてデンマークとの連結を望んでいました。教皇ならびにカトリックのバイエルンの共感をもシュマルカルデン同盟は得ることができました。

プロテスタント同盟による最初の成果は一五三二年のいわゆるニュルンベルク和議であり、それはプロテスタントに次の公会議までのラントフリーデ（平和保持命令）を与えるものでした。それによって初めてヴォルムスで確定された路線から公に逸れることになります。第二の成果はウルリッヒ公のヴュルテンベルクへの――強制的な――帰還であり、一五三四年におけるヴュルテンベルクの宗教改革への参加です。シュマルカルデン同盟とは福音派による防衛同盟です。しかし、福音主義の教えの信奉者たちが、一体軍事的な手段によって防衛し、皇帝や、その当局に対して抵抗することが許されるのか、という問題がありました。

ルターとメランヒトンはキリスト者に対して常に当局には服従するように、よく説き勧めていました。その際、彼らはふつう臣民、そして単なる民衆と諸侯、領主、さらに市参事会との関係を視野に入れていました。しかし、いまや他の事情で問題が生じます。諸侯は皇帝に従わなければならないのか。たとえば、ヴォルムス勅令、つまり帝国の法に従わなければならないのであろうか。古い信仰をもつ皇帝が彼らを戦争へと駆り立てるような場合、プロテスタント諸侯はこれに抵抗することが許されるのであろうか。彼らは皇帝による脅迫的な攻撃に対して予防的な戦争で対応してよいのであろうか、といった問いです。

それは政治学的にも、法学的にも、神学的にも、さらに倫理学的にも難しい問いでした。当局への服従に関する問いと同様、キリスト者にとってはどのような条件の下でなら戦争遂行や殺人が正当化されるのか、ということもまた問題でした。

フルドライヒ・ツヴィングリは、すでに一五二〇年代において堂々と武力に訴えようとしていました。彼は宗教改革をあらゆる手段をもって、軍事的な手段をもってしても広げたいと欲していました。ツヴィングリは戦争を勧め、そして戦争で死にます。一五三一年、彼はアルビス峠のカッペルで戦死します。ルターとメランヒトンは、それに対して一五三〇年三月においてもなお、アウクスブルク帝国議会を前にして諸侯の皇帝に対する抵抗権を認めていませんでした。個人が信仰告白や苦難を強いられる場合に、ただ受身的な抵抗だけは許されていました。神の法は服従を命じている。福音に従って生きようと欲する者は、〔神の意志に従うだけで〕だれひとりとして自分自身のことは分からないものだ。皇帝に対する抵抗は無秩序へと繋がるであろう。

しかし、すでに一五三〇年一〇月、神学者たちは法学者たちによって説得され、以前の説を明確に撤回したのでした。抵抗は突然正当と見なされ、軍備拡張は状況次第でよいと見なされるようになったのです。シュマルカルデン同盟の設立をメランヒトンははっきりと肯定します。三〇年代終わりにはもはや権利の観点のみならず、義務の観点からも抵抗について語られるようになりました。数多くの所見が三〇年代そして四〇年代にこのテーマをめぐって出されましたが、ほとんどはヴィッテンベルクの複数の神学者によって共通して認められています。

抵抗権を基礎づけるために以下の根拠があげられました。一、当局はその臣民を守らなければばならない。トルコ人であれ、盗賊騎士であれ、皇帝であれ、攻撃してくる者に対しては同様に。それは愛の掟である。二、皇帝は選挙され任務を託された当局である。もし彼が帝国の諸侯を宗教を問題として攻撃する場合、彼は当局としてではなく、私人として振舞っているのであって、その職務を濫用していることになる。

宗教改革は非暴力の、ただ言葉と議論の力のみに頼る運動ではありませんでした。それは、焚書にしたり人を殺したりすることからしりごみすることもありませんでした。その主な対立者、すなわち教皇に対して、ルターはすでに一五二〇年に暴力に訴えかけていました。「われわれが正当に泥棒を捕まえ盗賊の首をはねるのなら、どうしてローマの貪欲な奴ら、最大の泥棒であり盗賊を自由にさせておくべきなのか？」と。

メランヒトンがそのように語ったことはありませんでした。しかし、一五三九年三月、彼はフランクフルト・アム・マインでシュマルカルデン同盟の会議の際、彼を大変悩ませる夢を見ます。彼は十字架にかけられた者を描いた貴重な絵画を見ます。キリストの周りには白い衣服をまとった魂が取り囲んでいます。選帝侯は公の職務服で白い衣服を着て近づいてきました。それに加えて絵にはロバが描かれていて、それはまるで司祭のように、ミサ聖祭の際のリンネルの肩かけをまとい、聖歌隊の帽子をかぶっていました。彼は救いの出来事に向かって近づき、綱で皇帝と教皇を引っ張って歩いています。メランヒトンとその同行者フリードリヒ・ミコニウスは、ヴィッテンベルクにこの秘密に満ちた夜の幻のことを伝えます。ルターは感激し、この夢が実現するようにと強く望みました。しかし、皇帝についても教皇についても、これらの手綱を〔実際に〕握るのはそう簡単ではありませんでした。

福音派の教皇？

教皇という職務および人格との対決は、一五一九年のライプツィヒ討論に始まる宗教改革の中心テーマでした。ルターは時間がたつにつれ次第に教皇は反キリストであり、ゆえに聖書のなかで予告されている（マルコによる福音書一三章二二節）終わりの時の悪の人物だという理解に至るようになります。これは教会を内部から滅ぼそうと努めているのだ、と。しかし、ローマとの対決はまだけりをつけられていませんでした。

一五三六年夏、教皇パウロ三世は一五三七年五月のあいだに公会議を開くことを予告し、その場所をマントゥアとします。ヨハン・フリードリヒ寛大侯はルターに福音派の下で人がどこにひとつとなり、どこから決して外れることを欲せず、何について議論できるかを説明するように依頼しました。ルターは長い論文〔条項〕を書きます。それは彼が神学上の遺言と見なしたものです。というのも、彼は書いているあいだに病気となり、遠からずの死を覚悟したからです。彼はこれを、先にヴィッテンベルクで問題ありとして議論された後に、一五三七年二月、シュマルカルデンでの同盟会議に提出させます。

ルターは教皇制についてもテーマとして扱い、教皇ではなくイエス・キリストのみが「すべてのキリスト教界の頭」であることを明らかにしました。教皇はただ「ローマにいるだけの司祭あるいは牧師」である。悪魔が教皇制を打ち立てた。教皇は反キリスト者であり、トルコ人と同様のろくでなしである。キリスト教界は長いあいだ教皇なしでやってきたし、今でも教皇など必要としていない。教皇に服従するぐらいなら死んだほうがましである。

ルターの論文〔条項〕には四三人が同意署名します。メランヒトンもまた同意しましたが、ただし次のような留保をつけます。「わたしフィリップ・メランヒトンは、この……論文を正しく、しかもキリスト教的であると考える。しかし教皇については、彼が福音を妨げようとしない限り、平和と共通の一致のために、かのキリスト者たちがなおもその下にあり、これからもそうあって欲しいと望むのなら、人間の法によって教皇の司祭に対する優越を認め、わたしたちからも妨げられることなく存在することを認める」と。ゆえにメランヒトンは当時、福音的な教皇制を思い描くことができたわけです。むろんその考えは非現実的でした。ルターによって――知られる限りでは――メランヒトンのコメントは無言の内に受け入れられましたが、しかし、選帝侯は怒りました。

メランヒトンは平和と一致のために譲歩しようと欲していたのです。平和と一致とは彼にとって自己目的ではなく、福音を述べ伝えることに仕えるべきものでした。平和は妨げられることなく福音を述べ伝えるための前提でした。メランヒトンが教皇の至上権――司祭に対する教皇の主権――を、ただ古い信仰の者たちの領域で用いられるように欲したのか、それとも宗教改革の教会でもそう欲したのかは不明ですが、ここにはもうすでに司祭はいませんでした。

ルターのテキストはシュマルカルデンでの同盟会議では正式には可決されず、アウクスブルク信仰告白が確認されました。よってその論文〔条項〕は同盟による告白ではありませんでした。それにもかかわらず、後にこれは『シュマルカルデン条項』という誤解を招く名の下で福音派の一致信条書集に組み込まれたのでした。

ただし、ルターの信仰告白に対するメランヒトンの留保は唯一のものではありませんでしたが、彼はこの年教皇制をテーマにするといわざるをえませんでした。彼はシュマルカルデン同盟の人々に対して同時に『教皇の権力と首位権についての小論』（トラクタートゥス・デ・ポテスターテ・エ・プリマトゥ・パパエ）を提示します。これは公式に可決され、アウクスブルク信仰告白を補完する信仰告白として受け入れられました。今日においてもそれはなおもルター派教会の一致信条集に含まれています。

小論は二部からなっており、第一部は教皇について、第二部は司祭についてです。教皇の三つの地位が誤りであり、瀆神的であり暴君的であるとして否定されました。一、教皇はすべての司教ならびに司祭の最上位にあること。二、教皇はこの世の権力をもつということ。三、これらを信じることが天国での浄福にとって必要であること。メランヒトンはテキストを驚くべき鋭さで定式化しました。彼はこれらの地位を主張する教皇をルターとともに、反キリスト者であると呼びました。

司祭に関してメランヒトンは、牧師とのあいだの単なる人間的な秩序の違いについてのみ語りました。もし司祭が無能であり適切な説教者を任命しない場合、各教会および共同体は自ら説教者を任命する権利をもちます。さらに、司教の管轄権は一部は司祭の権限に属し、一部はこの世の当局の権限に属します。

メランヒトンは自身の確信に立ち、そのためルターに異議を唱えることも辞しませんでした。

それにもかかわらず、会談と譲歩の用意があることは彼のもっとも重要な本質的特徴でした。シュマルカルデンでの同盟会議から数年後、彼の会談能力はさらに促進されることになります。

宗教会談

一五四〇年代には古い信仰と新しい信仰の信奉者とのあいだに宗教会談が行われるようになり、それによって平和的な一致に向けた真剣な試みがなされるようになりました。背景には皇帝の主導がありります。推進力となったのは帝国宰相ニコラ・ペルノー・ドゥ・グランヴェル、略称グランヴェラでした。ことはまだ始まっておらず、彼は人文主義の心情をもって対応します。それはドイツにおける教会の一体性を保つ、あるいはむしろ再び打ち立てようとする、まさに最初の真面目な、そして同時に最後の試みでした。

ブランデンブルクの選帝侯ヨアヒム二世、オーストリア大公フェルディナント、皇帝カール五世、そして教皇パウロ三世は、この平和的な一致への試みを進めることで合意していました。最初の一歩は一五三九年四月、フランクフルト・アム・マインでのシュマルカルデン同盟会議において、皇帝の全権使節に加えて「フランクフルト異議」が署名されたことです。これはプロテスタントに対して期限つきの宗教的平和を認めるものでした。これによって会談に通じる道が地ならしされました。まず一五三九年八月一日が日取りとして決められたものの、それは延期されることになりました。

メランヒトンは気が進みませんでしたが、しかし、責任感からこの会談に巻き込まれることになります。この試みを進めるのに賛成であったのは、むしろマルティン・ブツァーでした。彼の望みは古い信仰の者たちのあいだで進んで改革がなされるよう、譲歩するところにありました。彼は神の言葉が引き続いて変化を及ぼし、その内容を成し遂げるという希望を抱いていたのです。

幕開けとなる会談は、まず一五四〇年六月にエルザスのハーゲナウで行われました。向かう途上でメランヒトンは病気になり、旅をそれ以上続けることができなくなりました。ブツァーが遅れてやってきました。ハーゲナウでの話し合いはいったい何について議論され、どのような神学的基準が妥当であるべきか、という問題をめぐり、早くも失敗に終わります。

第二回目の会談のために神学者たちは一五四〇―四一年の冬にヴォルムスに集まりました。それはもともとシュパイアーのことを予定に組み入れていたのですが、そこでは伝染病が猛威をふるい、そのため問題はヴォルムスに持ち越されたのです。メランヒトンはそこに出席しています。まず相手方は手続きについての問題をめぐって長く話をしました。それから一五四一年一月に内容に移りました。エックとメランヒトンはアウクスブルク信仰告白を基盤として三日間議論しました。メランヒトンはこの会談のために準備（コンフェシオー・アウグスターナ・ヴァリアータ）し、原罪について討論がなされました。それからコロキウムは古い信仰の者たちのあいだでの不一致のために中断され、次の帝国議会に持ち越され、それはレーゲンスブルクで行われることになりました。

しかし、ヴォルムスではこうした公式の話し合いが進められている傍らで、第二の非公式的な交渉も行われていました。ヘッセンのフィリップだけに知らされていた秘密の話し合いのなかで、グランヴェラの指示に基づきブツァーとシュトラースブルクのカピト、ケルンの宗教改革派神学者ヨハネス・グロッパーとグランヴェラの秘書ゲラルド・ヴェルトヴィックとのあいだで「ヴォルムス本」と呼ばれる大部の記録が仕上げられていたのです。これは二三項目に渡って、義認論、教会、サクラメント、儀式、教会規則、そして聖書と教会の伝統の基盤の上に立った公式的な妥協といったテーマを扱っていました。双方の側が譲歩しましたが、部分的には意見の相違も固持されました。このテキストは可能な一致信条集のための前段階であり、レーゲンスブルクにおいて皇帝の提案として話し合いの基盤とされるはずのものでした。

メランヒトンは秘密の話し合いに参加してはいませんでしたが、原稿をブランデンブルクの選帝侯を通じて入手し見ることができました。彼は提案をユートピアであり「ハイエナ」と呼び拒絶します。要するに夢のなかで彼は恐ろしい怪物を見たのですが、それは聖母の顔をした燃える目をもつハイエナでした。彼はヴォルムス本をこのような形で解釈したのです。ルターもまた拒否権を発動し、悪魔がこのテキストの原作者だとしました。しかし、それだけで話は片付きませんでした。

一五四一年四月、第三回目の宗教会談が予定通りレーゲンスブルクで始まります。皇帝は自ら出席し具体化に大きな影響を及ぼしました。他にも再びエック、グロッパー、メランヒトンそしてブツァー、加えてユリウス・プフルークというナウムブルクの司教で宗教改革者、さらに重要なヘッセンの神学者ヨハン・ピストリウスが参加しました。メランヒトンだけがすでに反対の用意をして参加していました。この問題は彼を睡眠中も追い立て、悪夢をもたらします。

レーゲンスブルクでの話し合いの土台はヴォルムス本でした。人間学や罪論についての論究は問題とはなりませんでした。義認論においてエックとメランヒトンは新しい妥協案を仕上げます。しかし、それはローマ教皇庁によって拒絶されました。それに対してルターは若干の留保つきで受け入れ可能だと表明しましたが、古い信仰の者たちはそのかつての教説を明確に非としなければならない、と要求しました。公会議には誤りがないこと、そしてサクラメント、とりわけ聖餐（全実体変化説）や告解（すべての罪の列挙）に関する論究はレーゲンスブルクで不毛なままに終わりました。六月に皇帝は改訂されたヴォルムス本、それはいまや「レーゲンスブルク本」と呼ばれましたが、これを各等族に提示しました。七月まずはカトリック側が、それからプロテスタント側が拒絶します。企ては何か月もの骨の折れる努力にもかかわらず失敗しました。メランヒトンは一五四一年八月初めに家路に向かいます。ブツァーはひどく落胆して断念しました。しかし、彼は会談のなかで「反対者」たちにも真面目な同じキリスト者が増えつつあることを実感していました。

プロテスタント側にとってレーゲンスブルクでの話し合いにおける一般的成果は上首尾に見えました。ローマ側が参加する下での総公会議が成立しなくなる場合に備えて、領邦国家レベルでの公会議が視野に入れられます。さしあたり、宗教和議は延期されました。プロテスタント側にとって「キリスト教的な宗教改革」とは地方領民の教会と修道院とにふさわしいものでした。

さらなる、しかし重要ではない宗教会談が一五四四年、シュパイアーで、一五四五年にはヴォルムスで、そして一五四六年には再びレーゲンスブルクで続けられます。しかし、皇帝はもはや、ことを何とかしようとはしませんでした。というのも、彼は再び宗教問題を軍事的に解決しようと思っていたからです。

実際の考慮に値するのは、義認論に関するレーゲンスブルクでの譲歩でした。ヴォルムス本は二重の義認によってこの教説を構築していました。義認は、まず行いなしに、キリストの功績に基づいて、信仰を通じて生じる。そして、次に同時に行いを通じて、それは信仰による神の助けでもって生じ、愛が流れ出るのだ、と。義認の最初の側面は再生と呼ばれ、次の側面が聖化と呼ばれました。聖化はしかし常に未完成であるがゆえに、人間はその信頼をすべてキリストの功績の上に打ち立てなければならない。こうした教説に、メランヒトンもエックも賛成ではありませんでした。レーゲンスブルクの譲歩での定式は、それに対してははるかに福音的に響き、「信仰のみ」とさえ思われます。定式は義認が生じる際の聖霊の働きを強調します。聖霊を通じて同時に信仰とともに愛が注ぎ込まれる。これは人間の堕落した意志を癒し、その結果、律法を満たすように作用する。このように述べることによって、人間を実際に変化させ、外に向かって目に見える形で愛の行いをなすというカトリックの願いは保持されたのでした。信じる者は救いの確かさを、自分自身や自らに固有の正しさを当てにすることを通じてではなく、キリストによる贈与としての正しさに注意を向けることを通じて得られるのです。こうすることで救いの確かさについての福音派の願い、ならびに福音派の人々にとってともかく重要な「わたしたちの外から」（救いは外から、キリストから来る）という考えも保持されました。善行は報われるであろう。多くの善い行いをする者は、ほんの少ししかしない者よりも、より清くなるであろう。

レーゲンスブルクでの義認に関する譲歩は失敗から四五〇年後、再び蘇ります。ちょうどメランヒトン年に当たる一九九七年、この宗教改革者の生誕五〇〇年目の年、義認論に関する共同宣言の構想が長年にわたる協議の成果として提案されました。それはルター派およびカトリックの神学者たちによって仕上げられました。交渉の相手はルター世界連盟とヴァティカン共同委員会でした。宣言は、ルター派とカトリックがいまや「義認論についての信仰内容を共通して理解するのをよしとし、さらにこれを言葉で明確に表明する」用意があるという主張を掲げています。文書は義認に関する聖書の発言を基とし、聖書の箇所を数多く引用しながら定式化されています。「義認は罪の赦しであり、罪と死の支配からの解放であり、律法の呪いからの解放である。これはまた神との交わりに受け入れられることである。それは今すでに起こっているが、しかし来るべき神の国において完全に実現するのである。……これらすべてはキリストのゆえに、恩恵により、『神の子の福音』への信仰によって、ただ神にのみ由来するのである。義とされた者は信仰によって生きる。その信仰はキリストの言葉に由来し、聖霊の結ぶ実である愛によって働く」〔ローマ・カトリック教会／ルーテル世界連盟『義認の教理に関する共同宣言』ルーテル／ローマ・カトリック共同委員会訳、教文館、二〇〇四年、二九頁〕。さらに、こう明らかにされました。「われわれは、われわれの側のいかなる功績によってでもなく、恩恵によってのみ、キリストの救いのみ業への信仰において、神に受け入れられ、聖霊を受ける。この聖霊がわれわれの心を新たにし、それによってよい行いへとわれわれに力を与え、召し出す」〔同前書、二九―三〇頁〕。

しかし、歴史は引き続き繰り返します。一五四一年にメランヒトンがその妥協定式によってぶつかったのと同様に、現代の一致文書もまた激しい抵抗に遭います。特にドイツの多くの福音派の神学者からです。しかし、双方の責任ある委員会の議長は追加して「公式共同声明」を一九九九年にテキストにかぶせて署名したのでした。特筆すべきことですが、教会は三一日という日付と、場所としてアウクスブルクを選びます。

古き帝国都市であり司教都市であるアウクスブルクは、宗教改革の時代、幾度も大きな出来事の舞台となりました。双方の宗派ともここでは同じような満足を感じていました。住民は一部カトリックであり、一部福音派でした。しかし、司教は両派を交代させたり、宗教改革の仲間に加わらせたりするようなことはしませんでした。ただ、宗教改革に共感的な司教は非常にまれでした。ケルンとオスナブリュックの司教は例外に属します。

ケルンとオスナブリュックにおける宗教改革

ハーゲナウ、ヴォルムス、そしてレーゲンスブルクで固められたメランヒトンならびにブツァーとグロッパーとの接触は、一五四二年、別の場所で運動を引き起こします。他でもない、ケルンの大司教であるヘルマン・フォン・ヴィートは、帝国においてもっとも強力な人々である選帝侯のひとりとして、このなかで宗教改革に対して完全にオープンな形で共感した最初の司教でした。

ヘルマン・フォン・ヴィートは、もともとルターに対する明確な反対者でした。一五二九年に彼は二人のプロテスタントを死刑にします。そのなかにはアドルフ・クラーレンバッハがいましたが、彼はヴェーゼルでラテン語教師として働いていました。しかし、選帝侯はローマ教皇庁とさんざんな経験をします。内面での戦い、聖書講義、そしてアウクスブルク信仰告白との取り組みは、次第に方向転換へと導きます。とりわけヘルマンには福音派の心情をもった助言者、ペーター・メドマンがいました。彼はヴィッテンベルクで学び、メランヒトンの学生でした。しかし、公会議および教会改革の要求を伴った一五四一年のレーゲンスブルク帝国議会は、ヘルマンの宗教改革への転向にとって決定的でした。

ブツァーはハーゲナウで大司教と個人的に知り合いとなりました。一五四二年二月、大司教はブツァーをコッテンフォルストにある狩猟用別邸ブッシュホーベンに招待します。彼とグロッパーから宗教改革の処置について助言を受けるためです。ブツァーはこのケルン人の意図に感激し、すぐにメランヒトンを引き入れました。

メランヒトンは一五四三年、長期に渡ってボンに滞在し、古い信仰の人々による敬虔な実践から、ずっと以前より初めて強い印象を受けました。「民衆によるすべての礼拝は立像を拝むことにある！」と彼はヴィッテンベルクに向け、驚愕の手紙を送っています。ブツァーと共同で彼はケルンのために教会規則を作成します。「ケルンの宗教改革」のなかで彼は三位一体、創造、義認、教会そして悔い改めに関する章を設けました。これによってメランヒトンはまたもやどっちつかずとなってしまいます。古い信仰の者たちにとって、この規則は福音的過ぎましたし、ルター派の人々にとってはカトリック的過ぎたのです。そこでブツァーとメランヒトンは次のような考えに至ります。ケルンにおいてはまず一度聖書原理ならびに福音的な説教を貫徹すべきである。さもなくば従来通りの教会制度はもはや存続させられない、と。

宗教改革案に対して強力な反対が司教座聖堂参事会から起こります。そして、グロッパーも立場を変えました。というのも、彼にとっても変化は行き過ぎであったからです。一五四三年七月、ケルンにおいて福音派による聖餐式、両形色（パンとぶどう酒）の聖餐式が行われました。一五四四年、大司教は教皇と関係を断ちます。皇帝は彼から政治的な支配権を剥奪するとして脅し、最後通牒の形で彼に改革を止めるように命令します。ローマは司教を一五四六年に破門し罷免しました。ヴィートから公会議および帝国議会にこのことが訴えられました。しかし、皇帝の代理人が一五四六年終わりに侯国にやってきて、領邦議会を召集し彼から権力を奪ってしまいます。皇帝の軍隊が近くのゲルデルン公国にいたことが、その際必要な圧力の源となりました。一五四七年一月、ヘルマン・フォン・ヴィートは自らの領地に隠遁します。一五五二年、彼はプロテスタントとしてエンゲルスガウにあるヴィートの先祖代々の館で亡くなりました。

グロッパーが突き動かし、ブツァーが変更し、メランヒトンが付き添ったケルンにおける宗教改革の試みは、失敗に終わります。街と司教区はカトリックに止まりました。ブツァーは一五四七年の秋、公の書簡でボンにいる福音派の人々を慰めようとしました。このなかで彼は、人間が自らの卑劣さを感じ取るとき、まさにそこで神の力は絶大となるという聖書の事例を示しました。ともかくケルンでの宗教改革は福音派陣営においてもあまり支持をえることはありませんでした。ルターは教会規則のなかの神学を批判しました。それはブツァーによって定式化された聖餐論ですが、ルターにはそれが全く気に入らなかったのです。

ケルンでの出来事ほどドラマティックではありませんが、教会史においてより重要なのは、その長期にわたる効果からして、オスナブリュック侯司教区で並行して起こった出来事です。ルターと同じ修道士、ゲルハルト・ヘッカーが福音派の説教を始めた一五二一年、すでにここでは宗教改革が一時的に根づいていました。この都市で活躍した宗教改革者としてはさらに、先に触れたアドルフ・クラーレンバッハ（一五二六年）がいます。彼は自らの信仰のためにケルンでその生涯を犠牲にすることになりました。そして、ディートリッヒ・ブートマン（一五三二年）は、ミュンスター司教区のベベルゲルンで同じように宗教改革の殉教者となりました。決定的なのは一五四三年という年です。クアケンブリュックの近くで生まれたヘルマン・ボヌスの働きが、まずはリューベックの街で宗教改革にとって成果ある形で作用しました。

彼はメランヒトンの学生でした。ルター派の教会規則が導入され、すぐに街ではただ福音派のみによって説教がなされました。ルターとメランヒトンは感銘を受け、ボヌスに宛てて激励の手紙を記します。ボヌスがリューベックに呼び戻されたとき、ルターは彼にオスナブリュックに留まるよう哀願し、さらに宗教改革の意志をもつ司教、フランツ・フォン・ヴァルデックに彼を手放さないように頼みました。ボヌスの特徴は、彼が聖人崇拝の福音派的形態の発展に尽力し、さらにジャーナリスティックな提案をしたことにあります。オスナブリュックではまさにほどよい形で聖人思想が実践に移されるようになりました。街の外にある修道院は解散されませんでした。

すべてことはうまく運んでいるかのように見えましたが、しかし、一五四五年に展開は行き詰ることになります。心配しながらフランツ・フォン・ヴァルデックはケルンにおける危険をはらんだ展開を見守っていました。彼はあらゆる流れに探りを入れ、シュマルカルデンの領邦議会にすら参加しました。一五四六年、オスナブリュックで古い信仰の者たちによる反論が再び大きく主張されました。司教は非難され、彼はケルンの大司教と同様に破門されるのではないかと脅かされます。ローマに出頭するようにとの教皇による要請に彼は従いませんでした。しかし、一五四八年五月一二日、フランツ・フォン・ヴァルデックは公式にすべての宗教改革的な変革を取り消します。後に各宗派による同等の関係は否定されました。

オスナブリュック侯司教区における宗教改革は終わりとはなりませんでしたが、もはや抑圧することもできませんでした。侯司教区は宗派的には同等でしたし、また同等であり続けました。至るところには福音派およびカトリックのキリスト者がいました。そこから司教が選出されるオスナブリュックの司教座聖堂参事会でさえ、後にルター派を告白する者がいました。結果として何回も福音派の貴族が司教に選ばれることになりました。一六四八年、ヴェストファーレン〔英語ではヴェストファリア〕条約において、皇位の交互の引き継ぎ導入を通じて、侯司教区の摂政期間内での宗派交替が原理にまで高められます。一八〇二年までにルター派とカトリックは交替し合い、その際ルター派は常にブラウンシュヴァイク - リューネブルク家から来ることになりました。こうしたことからオスナブリュックは初期近代における寛容の歴史の重要なモザイク石となっています。

魅力的な誘い

メランヒトンには、会談および交渉のパートナーと同時に助言者としての役割が、そしてもちろん特に教師および教授としての役割も求められました。四〇年以上ヴィッテンベルクに留まることは当たり前ではなかったのです。ルターにとってはどこに移動しても危険にさらされたので、彼は留まるべく運命づけられていました。が、メランヒトンには国の内外を問わず、福音派の国のみならずカトリックの国からさえ数多くの誘いがありました。カトリック教会に彼を連れ戻そうというさらなる試みさえありました。一五二四年から一五五二年のあいだには、古い信仰の者たちのなかのより高位の代表者がメランヒトンと友好的な接触を開始し、彼を宗教改革から転向するよう動くように尽力します。彼らはメランヒトンに甘言を弄し、金と年金を、あるいは静かでひっそりとした宿泊所での学問的研究を約束しました。すでに宗教改革時代に流布されていた噂としては、彼が枢機卿のポストに誘われているというものさえあったのです。

こうしたことがらの出所としては、メランヒトンや宗教改革時代の他の人々による手紙、ならびにまず数百年来知られたドイツにおけるローマ教皇のヌンティウス（大使）による記録が重要です。しかし、後者には偽造や歪曲があることを考慮しておかなければなりません。というのも、任務を受ける者は身勝手な理由から、自らの努力が成果を期待させるものとして強調されることに興味があったからです。今日の秘密情報機関協力者についても全く同じです。

まず、メランヒトンがこれらすべての誘いを断ったことは覚えておかなければなりません。彼はこれらを時折ともかく丁寧な調子で、きっぱりと断っています。フマニストとして彼は、古い信仰の側の人文主義学者たちと敬意に満ちた付き合いをしていました。しかし、彼がときに真剣に親愛に満ちた反宗教改革的誘いを受け入れようと考えていたと推測するのは誤りでしょう。とはいうもののメランヒトンの学生のなかには、ヴァイト・アマバッハとフリードリヒ・シュタフユルスなど、カトリックに回帰した者も少なからずいました。

こうした試みは、宗教改革者メランヒトンがカトリックの陣営でどれほど高い評価を得ていたかを示しています。これはまた、彼の立場ならびに振舞い方が妥協のチャンスを備えていることを明らかに示していました。さらにまたそれは、古い信仰の陣営のなかにも改革的な心情をもった、妥協の余地のある勢力があることを明らかにしていましたし、彼らはメランヒトンが党派を変えることで革命的な宗教改革が阻止できるのみならず、同時に教会内における改革が支援されることを期待したのでした。古い信仰のなかの改革の意志をもつフマニストのあいだには、人文主義者メランヒトンのなかに同盟のパートナーを求める者もいたのです。もっとも華々しい誘いの試みは、メランヒトンが陣営を変えたすでに数年の内に行われていました。

メランヒトンが一五二四年、ヴィッテンベルクに転居してから初めて故郷の街であるブレッテンを訪れたとき、彼は予告なく不意にフリードリヒ・ナウセアからの訪問を受けます。彼は教皇特使で枢機卿であるロレンツォ・カンペッジョの私設秘書でした。この訪問の背景はこうです。一五二三年、クレメンス七世が新しい教皇として権力を握ります。彼はまず教会闘争を克服する手段を探そうという意志をもちました。そこで教皇特使ヒエロニムス・アレアンダーに対してドイツにおける教会の状況に関する専門家としての所見を練り上げるように指示したのでした。アレアンダーはこの件について、個人的な努力と具体的な提案によって宗教改革の担い手たちを古い教会に再び引き戻すことができる、という考えを何回も表明しています。ナウセアがメランヒトンを訪ねたのは、こうした背景によるものであり、アレアンダーの思いを実行に移した最初の試みでもありました。ナウセアとメランヒトンはまだカトリックの地平で、まずは教会が置かれている一般的なことについてブレッテンで話し合いました。訪問者はメランヒトンの見解とルターへの傾斜が解かれるのを探り出そうという意図を追求します。ナウセアは、もしメランヒトンがルターの許を去れば、好都合な約束をすることができるとほのめかしました。

メランヒトンは会談の相手に対して、こう明らかにしました。自分は真実と認識したもののために戦っているのであり、それは真理そのもののためである。決して世間のことを顧慮してや利益や出世のためではない、と。彼は一度も福音の教えを告げ知らせることから離れることはありませんでした。しかし、依然として彼はこの福音の教えを、敵からけなされることのないよう、さらに闘争にもたらす気がそそられることのないよう、努力したのです。彼は会談の相手に対して、教会のなかに開いた傷口を癒すのに協力し、さらに傷口を開くようなことはしないように勧告しました。数日後メランヒトンはナウセアの依頼人、すなわち教皇特使カンペッジォに対して、ルターの教説と宗教改革的なるものの目標について書かれた説明を提出します。それは彼の内的な位置を明らかにするものでした。カンペッジォは引き続いてなおもエラスムスに対してメランヒトンに働きかけるよう試みますが、人文主義者の王者を味方につけることはできませんでした。これがメランヒトンを教皇の教会という膝元へ連れ戻そうとする最初の試みでしたが、失敗に終わりました。後の努力においても、ことがらは本質的には変わりなく進行します。

ナウセアにとってはメランヒトンとの会談は成果がなかったにもかかわらず、よい記憶として残ります。彼はメランヒトンについて根本的には肯定的に思っていました。一五四〇年の手紙のなかで彼は、はるか昔に遡る出会いを回顧して、当時メランヒトンをその類まれな学識のゆえに高く評価し、敬愛し尊敬していたと明らかにしています。

一五三二年から一五三七年のあいだには、人文主義の心情をもったポーランドの聖職者たちがメランヒトンをポーランドに呼び寄せようと試みます。そのなかには、司教アンドレアス・クリキウス、ポロックの、後にはグネーゼンの司教がいました。一五三七年には枢機卿ヤコポ・サドレートがローマからメランヒトンを得ようと努めました。メランヒトンをめぐるさらなる努力はローマ教皇特使によって一五三〇年より始められ、最終的にファーノの司教ピエトロ・ベルターノは、トリエント公会議を取り巻く状況のなかでヴィッテンベルクの人文主義者に期待をかけます。フランス王フランソワ一世はメランヒトンを一五三五年、宗教紛争の調停のためにパリに呼びました。しかし、この申し出はザクセン選帝侯の気に入らず、メランヒトンにフランスへの旅立ちを禁止します。

またメランヒトンは、それほど危なくはない申し出をイギリスやデンマークから受け取りましたが、ハイデルベルク、テュービンゲン、ニュルンベルク、フランクフルト・アン・デア・オーダー、そしてイエナには赴くことができました。チューリヒに移らないかという申し出は一五四四年に断っています。メランヒトンはルター主義ならびにヴィッテンベルクに忠実に止まり、カルヴィニストになることはありませんでした。

メランヒトンとカルヴァン

メランヒトンは第一世代の宗教改革者であり、カルヴァンは第二世代に属します。メランヒトンは全宗教改革史をともに体験し形作りましたが、カルヴァンはその後半だけでした。彼は一五三二―三三年に宗教改革者になったとき、ルターとメランヒトンから影響を受け、最初の宗教改革的書物を公にした一五三六年に初めて、メランヒトンは彼の存在に気づきます。

ジャン・カルヴァン（元の名はジャン・コヴァン）は一五〇九年に北フランスで生まれました。彼は法学を修め、人文主義の影響を受けます。自身の福音的な信仰により、彼はフランスを去らざるをえなくなります。一五三六年に彼は亡命するバーゼルで『キリスト教綱要』、短くは綱要と呼ばれる書物を公にします。これはメランヒトンのロキから影響を受けた教科書であり、ロキと同様に信心の書という側面ももち、実践的な敬虔へと導こうとするものでした。

一五三六―一五三八年、カルヴァンはジュネーヴで、次いでシュトラースブルクで活動し、一五四一年から彼の死の一五六四年まで、すなわちメランヒトンの死から四年後まで、最終的にはジュネーヴに自らの故郷と人生の課題を見出したのでした。

カルヴァンはルターやツヴィングリとも個人的に知り合いではありませんでした。しかし、メランヒトンとカルヴァンは何度か出会ったことがあり、信頼に満ちた、およそ友情に満ちた関係を見出しています。一五三九年二月の終わりから三月の初めにかけて、カルヴァンはフランクフルト・アム・マインで初めてメランヒトンと会っています。彼らは教会の置かれた状況、聖餐の一致、そして教会の規律について話し合いました。一五四〇―四一年、カルヴァンはヴォルムスとレーゲンスブルクで宗教会談に出席し、そこで再びメランヒトンと会い、新しく改訂された版のアウクスブルク信仰告白に署名しました。

何年にも渡ってメランヒトンとカルヴァンは、神学上の、そして一般的な教会の問題について活発で興味深い手紙のやり取りで結ばれていました。しかし、残念ながら両者の手紙のすべてが保存されているわけではありません。最初はカルヴァンが一五三八年、シュトラースブルクからメランヒトンに宛てて手紙を書き、彼に教会の財産の使用に関する問題について助言を求めています。

一五四〇年、メランヒトンはシュトラースブルクのカルヴァンに手紙を書き、自らの好感およびカルヴァンとシュマルカルデンでお会いしたい、という希望を書き記しています。一五四三年、カルヴァンはメランヒトンに自身の『人間の意志の奴隷と解放から理性的で正統な教えを擁護する』を献呈しています。同じ年の手紙でカルヴァンはジュネーヴにおける困難について彼に報告し、メランヒトンとの深い霊的な交わりへの願いを明らかにしています。メランヒトンはカルヴァンに応え、重要な福音の教えを伝えることに集中するよう勧告していま す。このほうが予定説のテーマに没頭するよりも得策であろう、と。彼は、神の摂理と偶然性の問題は解決不可能だが、しかし、神が罪を作り出した張本人なのではなく、それが人間の自由意志によることは確かである、と思っていました。そして、この一五四三年の終わりに再度メランヒトンはジュネーヴ人に決然と、その原罪および意志論には賛同するものの、予定説には賛同しない、と伝えたのでした。

カルヴァンの予定説の解釈ならびにその神学に対する位置と価値の評価については、今日に至るまで議論が行われています。最近ではカルヴァンの予定説は彼の中心教説には数えられていません。というのも、彼はこれを神学体系にまで構築しなかったからです。これを初めて行ったのは弟子のテオドール・ド・ベーズでした。カルヴァンは率直に聖書の思想を再生し、救いに関して各人間の協働を禁止し、神の自由を擁護し、信じる者の救いの確かさを強めようと欲しました。カルヴァンがフランスから亡命してジュネーヴで説教し著述したのは、彼らを慰め強めようとしたいからだった、ということは正しく指摘されなければなりません。彼らにカルヴァンはこう呼びかけました。「神はあなたがたを、世界の始まりから選ばれているのです。あなたたちの功績なしに」。しかしながらメランヒトンは、これがカルヴァンの中心教説と絶対的な関係にある、という印象を受けます。彼の手紙がそれを表しています。

カルヴァンとメランヒトンとの手紙のやり取りのなかで問題となったのは、ルターとの関係です。それは、聖餐の理解をめぐって福音派の内部で争われた、神学的—内容的な主題全般です。一五四四年、カルヴァンはメランヒトンに、チューリヒ人〔ツヴィングリ〕に対するルターの継続的な非難を抑えるように要請しました。その年カルヴァンは、ルターへの手紙をメランヒトンに添えることで、彼をルターとの仲介者として利用しようとしたのですが、同時にメランヒトンがそれ以上のことをしてくれるよう決断してほしい、と懇願します。カルヴァンはメランヒトンに、自分がチューリヒ人を落ち着かせてあると伝えました。メランヒトンとの一致に彼は大きな価値を置いていました。ルターの癇癪について彼は批判的な意見を述べています。メランヒトンは添えられた手紙をルターには渡しませんでした。というのも、彼はルターが「キリストの敵」、すなわち古い信仰の者たちに対する代わりに、再びサクラメントについて何か書くことを危惧したからです。しかし、カルヴァンはいつもルターのところに、聖餐の話に戻ってくるのでした。一五四五年、彼はメランヒトンに、自身固有の、ルターとは異なる聖餐論を公に支持してほしいと要請しました。チューリヒ人に対するルターの癇癪は彼を苦しめ、教会にとって危険であると記しています。数か月後にルターは亡くなりましたが、しかし、聖餐をめぐる論争はさらに進み、それからも二人の宗教改革者の手紙のやり取りのなかで重要な問題となりました。一五五五年、カルヴァンはメランヒトンに、ルター派による「パンの神格化」に対して、ついに反対の態度をとれないかと要請しました。

一五五〇年六月の手紙のなかでカルヴァンはメランヒトンに対して公然と批判を試みます。彼はメランヒトンを、古い信仰の者たちや皇帝との現実の教会政治上の対決において、弱腰であり臆病過ぎる、と責めました。が、彼に対して理解もしていると打ち明けます。メランヒトンは怒りを抑え、手紙を引き裂き、返事をすることはありませんでした。

一五五二年一〇月新たに、とりわけ心を動かす手紙のやり取りが行われます。メランヒトンはカルヴァンを頼り、ありとあらゆる場所で戦争が行われているという、ドイツの絶望的な状況を述べています。メランヒトンは大きな苦しみを感じ、遠くない死を覚悟していました。が、彼はそれがありうることだと思っていたのです。というのも、彼は亡命しなければならなかったからです。そこで彼はカルヴァンを訪問しようとしました。メランヒトンは、自身がカルヴァンを評価し、考えを交換することに価値を置いているのを強調しました。が、そう頻繁に手紙を書くことはできません。というのも、信頼できる使者があまりにも少なかったからです。一五五二年一一月、カルヴァンは返事をし、新しい手紙を大変うれしく思い、両者のあいだの友情が確認されたのを見出しました。教会のゆえに、カルヴァンらは友情を義務づけられていたのです。新たにカルヴァンが予定説の問題について語るようになり、ジュネーヴで反対者がいることを知らせました。彼らは意志の自由および予定説をめぐる論争に際してメランヒトンを引き合いに出していました。なかでも特に人文主義者で医者のジェローム・ボルセックがそうであり、彼は逮捕され追放されていました。カルヴァンは、意志および予定の教説がメランヒトンと自身とを隔てていることを認めていました。彼はこれについてメランヒトンと個人的に話すことを望んでいました。しかし、再び出会うことはありませんでした。

ジュネーヴでの対決は止み、一五五三年にはそこでカルヴァンの関与の下、人文主義者で医者のミシェル・セルヴェが生きながら火刑に処せられます。というのも、彼は伝統的な教会の三位一体論に疑問を呈したからです。神を冒瀆したことが断罪に繋がりました。メランヒトンはこうしたぞっとするような、中世の異端審問を思い起こさせるような行いを、一五五四年の手紙のなかで「異端者」に反対して是認します。これに対して他の人文主義者、セバスティアン・カステリョがバーゼルで抗議しました。

メランヒトンとカルヴァンは個人的にも神学的にも近い立場にありました。おそらく両者のあいだの違いは、メランヒトンとルターとのものよりも、小さいとさえいえるでしょう。メランヒトンの死後、その学生たちがこうした道をさらに進んでいくことになったのは驚くに値しません。メランヒトンは次第にカルヴィニズムがドイツに入って来る道を用意しました。そして、そこから二つ三つの宗派の領邦が成り立つようになります。

しかし、メランヒトンの学生たちのうち若干の者にとって、こうした展開は命取りとなりました。それは一五七四年に起こります。ザクセンのメランヒトン主義者で、先程まで親密なフィリップ派と呼ばれていた者が、突然「隠れカルヴィニスト」――隠れカルヴァン信奉者――との烙印を押され迫害されたのです。カスパール・ポイケルというメランヒトンの娘婿は、一二年間囚われることになりました。ヴォルフガング・クレル、ハインリッヒ・モラー、その他は大学での教授職を失うことになりました。クリストフ・ペツェルは追放されました。それにもかかわらず、ヴィッテンベルクでは火炙りの薪の山が燃やされることだけはありませんでした。

親友、ヨアヒム・カメラリウス

メランヒトンには親密な友人がいましたが、それは当時においては当たり前のことではありませんでした。ルター、ツヴィングリ、そしてカルヴァンは、古代的な友情の理想を再び蘇らせることが人文主義の特徴的な特性に数えられるのにもかかわらず、メランヒトンのそれと比較しうるような関係を保つことはなかったのです。しかし、メランヒトンとヨアヒム・カメラリウスとの友情は、通常の人文主義者の友情をはるかに超えたものでした。

カメラリウスはバンベルクの出で、一五〇〇年に生まれました。彼はライプツィヒそしてエアフルトで学び、一五二一年に学生としてヴィッテンベルクに来て、ここでメランヒトンと知り合うことになります。一五二二年、彼はヴィッテンベルクで修辞学教授となります。メランヒトンとともに彼は一五二四年にブレッテンへと旅し、エラスムスへのルターの使者としてバーゼルに向かいます。一五二六年、彼はニュルンベルクに新しく設立された人文主義学校の指揮をとりました。一五三五年、彼はテュービンゲンの教授となります。一五四一年から死の年一五七四年まで彼はライプツィヒで教え、主にギリシャ文学さらにラテン文学と取り組みました。彼は当時もっとも優れた文献学者に数えられていました。福音の教えを彼はギリシャ語のカテキズムにまとめています。

カメラリウスとメランヒトンは長く緊密で安定した友情で結ばれていました。両者は、宗教においても政治的な主義においても、広範囲に渡って一致していました。わずかな歳の差、そして職場の大きな隔たりにもかかわらず、彼らのあいだには真のパートナーシップ、極めて実り豊かな緊張が存在していました。

彼ら友人はそれぞれ異なる場所で生活し働いており、頻繁に訪問しあうことはできなかったので、集中的な手紙のやり取りがなされました。カメラリウスに宛てた九〇〇通を超えるメランヒトンの手紙が今も残されています。これは、キケローがアッティクスに宛てた手紙と比較できますが、当時の宗教上の、ならびに政治上の出来事に対するメランヒトンの評価の赤裸々な資料となっています。というのも、カメラリウスに対しては彼は歯に衣着せずに自分の考えをはっきりいっていましたから。この手紙から「意に反した結婚」のことや、それに伴う宗教改革者の結婚問題についてわたしたちは知ることができるのです。返信の手紙は残念ながら五〇通ほどしか残されていません。メランヒトンの無頓着と注意深さが、このことの原因には同じようにあるのかもしれません。

メランヒトンの死後、カメラリウスはその思い出を保ち続けます。一五六六年、彼は初めてメランヒトンの伝記を書き、一五六九年にはメランヒトンの手紙の一部を出版しました。特にかなり編纂された形で、登場する人物に対して暗々裏のほのめかしやなぞめいた言い回しに富んでいます。仮名すら用いられています。

カメラリウスは注意深く、友人の思い出を傷つけたくありませんでした。というのも、カメラリウスに宛てたメランヒトンの手紙には同時代の神学者や政治家に対する手厳しい判断が見出されたからです。たとえば彼は貴族としてのヨハン選帝侯を、その後継者ヨハン・フリードリヒと批判的に比較して、寡頭政治家と評しています。カール五世についてもメランヒトンはときとして、かなり否定的に述べています。

メランヒトンは一五四一年、カメラリウスがライプツィヒに呼ばれるよう取り計らい、そこで彼は大学の宗教改革的‐人文主義的改革の推進力となったのでした。

聖餐の際、何が起こるのか？

聖書と洗礼にならんで聖餐式は、すべての教会のキリスト教徒を結び付ける宗教的要素です。聖餐に代わって、主の晩餐、夕食、聖体の祭儀、祭壇のミサあるいはサクラメントについてもそうです。基本にはいつも同じことが想定されています。イエスが弟子たちと過ごした最後を覚えてパンとぶどう酒を儀式として味わい、その死が「罪の赦しへと」（マタイによる福音書二六章二八節）向かうことをありありと思い浮かべます。宗教改革の時代、聖餐は古い信仰と新しい信仰の者たちとのあいだで重要な論争テーマとなりましたが、福音派の陣営内部においてもそうでした。

四つの点で宗教改革は最初から祭壇でのサクラメントと中世風に付き合うことに背を向けていました。一、ミサ聖祭の考えが批判されました。中世の教会が教えたように、聖餐の際にキリストの犠牲の死が繰り返されるわけではありません。二、全実体変化の教義《ドグマ》が破棄されました。これは聖餐の際にパンはキリストのからだに、ぶどう酒はキリストの血に変化するという教えであり、詳しくいうと実体、本質だけがその都度、偶有的にではなく、外観のままの属性を、匂いも味も具えるというものです。三、並信徒による聖杯が求められました。司祭だけではなく、すべての信じる者がパンもぶどう酒も受け取るべきなのです。四、私的なミサならびに供犠の儀式という見方が退けられました。牧師によってのみ、教区民の参加なしに執り行われる聖餐の儀式はあってはなりません。というのも、そうした儀式の遂行は神には喜ばれないからです。

ルターは、聖餐の際には神自身が働き救済の媒介として作用し、その結果キリストが聖体の要素のなかに、現実に生き生きと現在しているという中世的な考えから離れませんでした。まずはカールシュタット、それからツヴィングリ、さらにエコランパディウスが象徴的な聖餐の理解を主張したとき、ルターは実在を唱える熱心な擁護者となります。キリストのからだと血は彼にとってパンとぶどう酒のなかにあったのです。しかし、いかにそれが起こりうるのかについて、彼は詳細には明らかにしませんでした。さらに、ルターは罪人に授けられた聖餐式の能力を強調しました。一五二四年晩秋、ツヴィングリはロイトリンゲンの宗教改革者マテウス・アルバーに宛てた後に公刊される手紙のなかで自らの聖餐論を表します。このチューリヒ人にとって、イエスは聖餐を記念の食事ならびに共同の食事として、神に奉仕するための式典として弟子たちに与えられたことは明確であり、「そのため聖餐を味わうことは罪人には許されておらず、むしろ信じる者ならびにそのことを感謝する者にとっては、キリストの死を通じた罪の無化および破壊の告白なのであった」。一五二七年の『友好的解釈』でルターとの直接的な論争が開始されました。

ツヴィングリの理解に対してルターは決然とした態度で反対し、特に一五二八年『キリストの聖餐について』を著します。ルターにとっては、サクラメントの際に人間ではなく神が働くこと、イエスの言葉「これはわたしのからだである」が文字通りに理解されることが重要でした。聖書を信じるか否かがルターにとっては危険にさらされていたのです。もっとも、彼は再び中世の全実体変化論に戻ろうともしていませんでした。

一五二九年、ヘッセンがハプスブルクに対して、皇帝に抗して大きな同盟を作ろうとし、そのためにできるだけ多くの宗教改革派の勢力が必要となったとき、この神学上の問題は政治的にも重要な意味をもつようになりました。しかし、ルターとメランヒトンはスイス人が名づけたような「キリスト臨在否定論者」たちと同盟を結ぶことを原則的に拒絶します。教えのすべての問題における統一は、彼らにとって軍事的な団結の前提でした。神学上の一致あるいは少なくとも近似は、ゆえに政治的―軍事的協働作業を実現するために必要でした。一五二九年夏、ルターとメランヒトンは七〇の提題からなるシュヴァーバッハ条項を著します。これはシュヴァーバッハにさまざまな福音派の帝国都市の代表者が集い議論されたもので、ツヴィングリに対してきっぱりと一線を画していました。第一〇項にはこうあります。「聖餐あるいは祭壇のサクラメントは二つの部分においてあり、それはパンとぶどう酒のなかにキリストの真からだと血が現実に現在しているということであり、これは単なるパンとぶどう酒ではない」。しかし、条項は聖体の要素におけるからだと血の実在を強調し、信仰に媒介された聖餐式という性格があまりに一面的でルター主義的であったので、シュトラースブルクとウルムのみならずヘッセンでも拒否されました。

ヘッセンのフィリップは、相手方と個人的に会って教義の対立を橋渡しする手伝いができるのではと望んでいました。ゆえに彼は一五二九年秋期にマールブルクのその城へ、今日のわたしたちがいうところの「サミット」へと人々を招いたのです。そこではヴィッテンベルクの人々を前にして沈黙が守られ、ツヴィングリも招かれました。おそらくルターはそのことを知っていたなら、決して来ることはなかったでしょう。

一五二九年一〇月一日から四日まで方伯を議長として神学者たちが会議を行います。一方の議論のペアはルターとメランヒトン、他方はツヴィングリとエコランパディウスでした。そのほかにシュトラースブルクからはカスパール・ヘディオとマルティン・ブツァーが、ヴィッテンベルクからはユストゥス・ヨナスが、シュヴァーベンのハレからはヨハネス・ブレンツが、ニュルンベルクからはルカス・オジアンダーが、そしアウクスブルクからはシュテファン・アグリコラが参加しました。神学者たちは柔軟な態度をとりつつ、その都度異なる立場に対してもさらなる理解を見出します。しかし、キリストのからだの現在という問題については異論が残ったままでした。ヴィッテンベルクの人々は異なる定式を提案しましたが、ツヴィングリにとってはすべて受け入れられるものではありませんでした。会議の終わりに際して一連の一五の教義条項に共同でサインがなされましたが、同時に最後の一五番目の条項で、「キリストの真のからだと血がパンとぶどう酒のなかに実際に生々しく生きてあるかどうか」については一致していないことが記録されました。しかし、双方のキリスト教的愛は確かめ合いました。それは、さらなる悪口雑言を重ねないことを意味していました。もっともルターはツヴィングリとその信奉者たちを「兄弟」として承認する用意はなく、このことがツヴィングリに涙を流させます。

ツヴィングリは後に、こう伝えています。エコランパディウスとルターは三時間の長きにわたって議論し、その後でエコランパディウスが彼のところに来て、人生のなかでヨハン・エックに出会ったのはまさに二度目だと嘆いた、と。エコランパディウスは聖餐に関する問題においてヴィッテンベルクの人々がローマの側に立っているようにも見えたのです。そしてルターは自らの感覚に従って控え目な態度をとっていました。というのも、ルターは後に、メランヒトンが自分を抑制していたからだと語っています。エコランパディウスは一五二六年、アールガウのバーデンでの討論の際、エックとの最初の遭遇を経験しています。後に強硬なルター主義者たちは聖餐のゆえに、カトリックに対する溝よりも改革派の人々に対する溝のほうをより大きく感じていました。そしてこう大きく宣言します。「ツヴィングリ的であるよりは教皇的であるほうが、まだましだ！」

ツヴィングリはメランヒトンと六時間の長きに渡って話し合いました。彼はメランヒトンをその際「如才なく」感じ、その相手は「あらゆる形に姿を変える」と考えました。ゆえにメランヒトンには柔軟性があり妥協する用意があったのですが、しかし、ツヴィングリを説得することができるとは明らかに見ていませんでした。ツヴィングリはメランヒトンの転換のやり口の背後に最終的にはルターの聖餐論を嗅ぎつけていました。それはメランヒトンとツヴィングリが個人的に出会うことになる最初で唯一の機会となりました。両者のあいだには手紙のやり取りはありません。メランヒトンはツヴィングリを評価せず、その本質全体が彼にとっては異質でした。ヴィッテンベルクの人々はツヴィングリのなかにすべてのスイス人におけるのと同様、無教養な田舎者の姿を見出していたのです。これは明らかにスイスの同盟が帝国から解き放たれ始めるという役割も担うことになります。

　ザクセン選帝侯ならびにゲオルク・フォン・ブランデンブルク辺境伯はマールブルク会談の後、数日でツヴィングリの信奉者を不信仰者であり、神の怒りの下にあるものと宣言します。選帝侯はシュヴァーバッハ条項に止まりました。宗教会談はこうして失敗に終わります。ヘッセンのフィリップはその願望を果たすことができませんでした。しかし、聖餐論争と和解に至ろうとする意志は、なおも長いあいだ絶えることはありませんでした。ことのさらなる展開においては、ともあれルターではなくメランヒトンが最重要な役割を演じることになります。

　メランヒトンは一五二一年のロキではまだ素朴な実在論をとっていました。「主の食卓に与ることは、キリストのからだを食しその血を飲むということであり、それは恩恵の確かな印である」。聖餐を受けることは試練や死に際して信仰を強化するのに役立つ。後にメランヒトンはルターの先鋭化された強力な実在論には与せず、キリストの現在を「パンとともに」（クム・パーネ）あるとし、「パンのなかに」（イン・パーネ）とは思い描きませんでした。彼はサクラメントの行為がサクラメントであるあいだ、そのあいだにおいてのみサクラメントは有効であることを強調することで、本来の実在論ではなく事実上の実在を教えたのでした。ゆえに聖餐のぶどう酒は礼拝の式典の後、それ自体にもはや何ら聖性はなくなるのではなく、残ったものはキュスター〔教会の用務員〕に贈られるか礼拝に訪れた人々に与えられることができるし、さらに捨てることさえもできるのです。メランヒトンのパンとともにという定式〔共在説〕は一五三六年のヴィッテンベルク和協信条、そして一五四〇年の改訂されたアウグズブルク信仰告白で、さらには一五七七年のルター派和協信条に見出されます。アウクスブルク信仰告白の新版でメランヒトンは、異なる立場をはっきりと拒絶することを諦めています。

カルヴァンは聖餐を理解するのにさらなる変種を発展させました。それはキリストの現在を霊的な現在として、霊的でスピリチュアルなものと捉えるものです。キリストは聖餐式の際に実際に現在しているのですが、それはからだを具えてではなく、その神性において霊に仲介された形でである。キリストのからだは天にある。霊はただ信じる者のみに働き、不信仰者の食卓（マンドゥカチオー・インピオールム）には存在していない。信仰をもたない者は聖餐の際にキリストのからだではなく、ただ単なるパンを受け取っているにすぎない。ゆえにカルヴァンはツヴィングリとは異なっていましたが、しかし、強硬なルター主義者にとってはカルヴァンの見方もまた受け入れがたいものでした。

ルターの死後、幾人ものルター派神学者たちがルターの立場をさらに先鋭化しさえしました。人間としてのからだは、まさに聖餐式が執り行われている際さまざまな場所に存在することはできないがゆえに、キリストは同時に実際に現在しているのではなく、ただ霊的に存在しているのだとする主張を退けるため、ヴュルテンベルクの宗教改革者ブレンツはキリストのからだの遍在性（ウビクイテート）の教説を展開します。というのも、イエス・キリストのなかでは神と人間とがひとつになっており、神的な性質が人間の本性へと移し換えられている。それによって、キリストのからだは、通常の人間のからだとは違って、同時にさまざまな場所に現在しうるのだ、という説です。メランヒトンはブレンツをもともと高く評価していましたが、こうした先鋭的な「新しいドグマ」に対しては決して理解を示さず、これについてはあからさまな嘲弄を示しました。

聖餐論争はルター派と改革派教会とのあいだで数百年にわたって繰り広げられます。一九三三―一九四五年の「教会闘争」のあいだも、改革派とルター派の牧師は一緒に聖餐には行きませんでした。ごく最近になってようやく、一九七三年のロイエンベルク和協信条を通じて葛藤の調停がなされます。メランヒトンのパンとともにの定式〔共在説〕が勝利を収めます。「聖餐において復活されたイエス・キリストが、約束されたパンとぶどう酒とともにある言葉を通じて、すべての者のために犠牲にされたからだと血とを贈る。彼はこの聖餐を通じて罪の赦しを与える」。こうしたことをバーゼルの会議場所となったロイエンベルクに一九七三年に集まった、ルター派および改革派の代表者たちが決議し、そうこうするうちに一〇〇を超える福音派の教会がこれに同意したのでした。これによってメランヒトンはプロテスタント内部におけるエキュメニズムの父となりました。

幼児洗礼——賛成と反対

古い信仰者と新しい信仰者とのあいだのみならず、宗教改革運動の内部においても、聖餐のサクラメントとならんで洗礼のサクラメントについても議論が行われていました。

一五二一年の終わり、ルターがヴァルトブルクに滞在していたとき、メランヒトンは幼児洗礼の根拠に疑問を感じていました。彼はいわゆるツヴィカウの預言者たちからの影響にさらされていたのです。彼らはツヴィカウから来た三人の男たちであり、そのうち二人は織物を職業としていてヴィッテンベルクに留まり、聴衆を前に説教していました。彼らは幼児洗礼を退け、メランヒトンは彼らのそうした振舞いと議論に印象づけられます。それにしてもヴィッテンベルクではひとつの見解が定まり、他の場所では反対の福音派による教会形成が導入されました。再洗礼による共同体ならびに教会が成立するのですが、それは福音派のキリスト教の内部で今日に至るまで存在しています。

再洗礼運動はチューリヒでの宗教改革から成立してきました。チューリヒのラントゲマインデ〔人口二〇〇〇人以下の地方自治体〕では遅くとも一五二四年には赤子の洗礼が疑問にさらされ、それどころか妥当ではないと説明され、成人の洗礼が促進されます。こうして一五二五年一月市当局は洗礼についての討論を行い、そこで幼児洗礼の支持者がもちろん勝利を収めました。しかし、コンラート・グレーベルの指導の下、急進派の人々は数日してツォリコンで最初の再洗礼を挑発的に行います。グレーベルはゲオルク・ブラウロックに洗礼を授けました。グレーベルは何度も拘禁され、一五二六年にペストによって死にます。一五二六年三月、チューリヒの市当局は「再洗礼」を続ける者には死刑と定めました。それはすでに子どものときに洗礼を受けた成人に対して新しく更新された洗礼です。これはまず一五二七年、フェリックス・マンツに対して水死刑という仕方で執行されます。

一五二七年、ヘーガウのシュライトハイムで「兄弟的一致団」が設立されました。これによって最初の改革派自由教会が成立します。シュライトハイム条項は再洗礼派の最初の信仰告白であり、信仰者による洗礼を原理原則として確定しています。強力な破門・放逐の訓練によって彼らは、共同体に属していないすべての者と自らを区別しました。彼らの最高の原理、すなわちこの世からの隔絶に与ることは、この路線に十分に忠実とはいえない共同体メンバーを徹底的に排除することになりました。〔この世の当局への〕宣誓は兵役と同様に拒否されました。再洗礼派は、この世の当局を、現実のキリスト者たちからは必要とされないと考えました。共同体においては真に信仰している者たちが集うべきである。羊飼いと名づけられた牧師は、自由に選ばれるべきである、と。

結果としてスイスの再洗礼派はこの世とは隔絶した共同体を形成し、それはますます硬直化していきます。また南西ドイツには追い散らされた再洗礼派の残滓が残っていました。再洗礼派の共同体は二〇年代そして三〇年代にかけて、さらにベーメン、メーレン、そして北西ドイツで成立していきます。こうした運動は外的には多様であり、なかでは完全に争い合っていました。というのも、ひとりのカリスマ的な指導者がその都度ある方向性を示していましたから。多くの再洗礼派の共同体は後に正式に組織化された教会となっていきますが、今日でも残っているものがあります。メノナイト派とフッター派です。

メランヒトンは教会巡察のあいだ、幼児洗礼という問題提起と改めて対決しなければなりませんでした。一五二八年、彼は『再洗礼派に関する所見』（アナバプティズムの見解に反対する）というラテン語で詳しく書かれた著作を著します。これはドイツ語訳でも広がりました。ここにはサクラメントに関する問題全般について神学的に具体的に論じた内容が含まれ、とりわけ洗礼について触れています。要するに、聖書ならびに古くからの教会の伝統による幼児洗礼の詳細な基礎づけであり、そこでメランヒトンの論拠は大部分がアウグスティヌス神学に立脚しています。メランヒトンにとって再洗礼派は、誤った教えを流布する者たちで謀反人でした。彼らは悪魔にとりつかれており、「ユダヤ的な」そして他の誤謬を信奉する者たちなのです。

一五二九年カトリックと福音派の都市はシュパイアー帝国議会で、全会一致でいわゆる再洗礼派への命令を採択します。これは、再洗礼を施す者は死刑に処せられるべきであり、受洗者も同様とされることを定めていました。また、新しく生まれた子どもに洗礼を拒む者も死刑に処せられます。しかし、再洗礼派への信仰告白をはっきりと取り消した者は減刑されるべし、とされています。

法の遂行はすべての帝国法と同様に個々の都市に任されていました。結果として、さまざまな都市や領地で再洗礼派の扱いに異なる取り扱いが伴うことになります。たとえば、カトリックのロッテンブルクでは斬首や火刑が、ネッカー川では水死刑があった一方で、福音派のシュトラースブルクやヘッセンでは、再洗礼派は穏和に扱われました。

一五三一年、ザクセン選帝侯の要請により、メランヒトンの監督の下、再洗礼派に対する死刑の適用について詳細な所見が出されます。メランヒトンはこの人々に対して違った処遇を要求します。死刑は指導者と頑強な信奉者に対しては、次のような理由から当然と見なされました。彼らは集会禁止を破り、反乱を起こし、神を冒瀆する罪を犯し、当局が保護しなければならない教会の秩序を破壊し、そのように説教職を拒絶する、という理由です。メランヒトンは再洗礼派を初期のキリスト教時代におけるドナトゥス派と比較していました。彼らは迫害の際に抵抗しなかった聖職者から授けられたサクラメントの有効性を否認していました。再洗礼派は誤った教えのゆえにではなく、その振舞いならびに神を冒瀆することにおいて処罰されるべきである。異端であるがゆえに死刑に定められるという考えは、メランヒトンのような福音派にとっては受け入れがたいものでした。というのも、古い信仰の者たちにも常に異端に対して、この世の手段をもってではなく、ただ霊的な手段をもって攻撃すべきであるといわれてきたからです。ともかく再洗礼派が扇動的に教えない限り、彼らはただ国の外に追放されてこれを殺すべきではない、とメランヒトンは考えました。改心の可能な者は公に悔い改めをしなければなりませんでした。ルターはこの所見に賛同します。一五二八年、死刑の適用に関しては、彼はなおも慎重でした。

高地ラインのヴァルトスフット、メーレンのニコルスブルク、ヴェストファーレンのミュンスターでは、再洗礼派は一時的に政治的な力を獲得し、その考えに従って社会的な共同体を形成しました。とりわけ一五三四―三五年のいわゆるミュンスター再洗礼派国は注意を引きます。カリスマ的な才能をもつオランダ人の指導の下、間もない世界の終末の予想のなかで、厳格で独裁的な統治が行われました。数多くの死の宣告が逸脱者に対して下され、洗礼の指導者は旧約聖書を手にして多くの者の洗礼に携わりました。反対者からは「一夫多妻制」と呪われました。ミュンスターの司教ならびに他の福音派とカトリックの当局は、しかし彼らの軍勢を集め、街を包囲し再洗礼派の支配を血にまみれた結末へと導きます。このエピソードは再洗礼派運動とその理想を大きく傷つけました。

再洗礼派とメランヒトンは一度だけ直接出会いました。一五三五―三六年冬、彼はテューリンゲンで――イエナ、ロイヒテンブルクならびにカーラで――多くの逮捕者を尋問します。そのなかに再洗礼派指導者のハンス・ポイスカーという、ザーレ川のカーラにあるクライナースドルフ出身の粉屋がいました。そこから得られた証言から、ミュンスターでの出来事の印象下にあるにもかかわらず、メランヒトンが区別を知っていたことが分かります。多くの場合彼は釈放を求めましたが、しかし、他の場合には死刑を支持しました。ゆえにカルヴァンだけではなくメランヒトンの手も血にまみれているのです。たとえ、ポイケルの死刑がセルヴェのものよりも地味だったとしてもです。ジュネーヴでは今日、記念碑と通りの名前がセルヴェを思い起こさせます。それに対してポイスカーは故郷で忘れ去られてしまいました。

メランヒトンは幼児洗礼をどのように根拠づけていたのでしょうか。一五二二年、彼自身が疑念に陥っていたとき、ルターから有益な手紙をもらいます。そこで彼には代わりとなる信仰(フィデース・アリエーナ)という考えに近いものがもたらされます。彼は子どもが洗礼を受ける際、両親や代親ならびに共同体の信仰が意味をもつと述べていました。しかし、後にメランヒトンは他の論拠のほうをよしとします。彼は五〇歳代のとき、幅広い人々のためにと思案されたドイツ語版ロキのなかで、なぜ幼児洗礼が妨げとはならず示されているのか、数多くの根拠をあげています。

一、古代の教会、それはメランヒトンにとって「真の」教会でしたが、そこでは子どもは洗礼を授けられていました。メランヒトンはオリゲネス、キプリアヌス、そしてアウグスティヌスを参照するように指示します。メランヒトンもまた伝統的根拠に基づいています。
二、メランヒトンは聖書から根拠をあげます。すなわち、神の約束と神の国は子どもにも関わります。彼はイエスの言葉を参照するよう指示します。「子どもたちをわたしのところに来させなさい」(マタイによる福音書一九章一四節)。エフェソの信徒への手紙五章五節、使徒言行録四章一二節、そしてヨハネによる福音書三章五節と関連づけて彼は、子どもが教会に編入されていると説明します。というのも、教会の外には救いも罪の赦しも存在しないからです。とりわけヨハネによる福音書三章五節には洗礼がすべての者に命じられています。もちろん、子どもにもです。
三、次になお一般的な神学上の熟考が続きます。つまり、子どもは原罪のゆえに罪の赦しを必要とします。よって洗礼を受けなければなりません。子どもに約束が必要なら、それに付属する印も必要です。これを子どもに知らせないままにしてはならないのです。
ついにメランヒトンは抗議に対して詳細な説明を提示しました。子どもはまだ信仰などもっていないという抗議に対して、彼はこう返答します。子どもには洗礼の際に聖霊が授けられ、それは彼らのなかで作用し、そのなかで神への傾きを作り出す。それが信仰の前段階となる、と。さらにメランヒトンは、洗礼が人間的な告白行為であるとする見解にも反対します。このなかで人は悪しき情欲が死に、強き生、苦悩における忍耐が約束されるといいます。彼らに対して、洗礼はむしろ人間に対して贈られた神の恩恵の証であるとしました。メランヒトンにおいていまや、ルターがよしとした、両親や代親による代理の信仰という考えは役目を果たしていません。

すべての偉大な宗教改革者たちは幼児洗礼を保持しようとしましたし、それどころか単にそれを重んじただけではなく、命じられた不可欠なものとしていました。これに対する神学的、特に聖書による論拠は弱いものでしたので、宗教改革者たちが神学的な根拠の外からこの伝統に固執したのではないかどうかという問いが立てられるかもしれません。宗教改革者はみな、大きくひとつとなった、すべての民衆を包括し教育するような教会組織を確立しようとしていました。そのなかで彼らはなおも全く中世的でした。しかし、民衆教会は、二〇世紀の概念を適用しようとすると、幼児洗礼を保持する場合にのみ存在することになります。これとの断絶、かつまた放任は、必然的にキリスト教界の差異化と多元化を結果としてもたらしてしまうのです。

幼児洗礼の保持ならびにそれのために付与された根拠は、ルター教会において迷信的な行いをさらに生かすことへと繋がりました。それには、母胎における洗礼、死産した子への洗礼、長く広く行き渡った慣習、前もって計画されていたような共同体における礼拝においてではなく、家で生まれた新生児にすぐに洗礼を授けることが含まれます。常に例外と考えられていた急な洗礼や応急の洗礼は、ほとんど当たり前のようになってしまいました。というのも、原罪を負わされて洗礼を受けないまま死んでいった子どもの運命を恐れたからです。改革派教会では応急洗礼は廃止されました。

人間の意志は自由か？

これ以外にも福音派陣営の内部だけではなく、福音派と古い信仰の者たちとのあいだでも後々まで議論されることになるテーマが問題となりました。それは、人間が自由意志をもつのかどうか、自らの人生を、神との関係を含めて自身の手に引き受けることができるのかどうか、という問いです。

ルターはこのテーマを一五一八年四月二六日にハイデルベルク大学で初めて取り上げていま

す。そのとき彼は九五カ条の提題で有名になっていましたが、彼の属する修道会の集まりのなかで、さらに二八の神学上の、そして一二の哲学上の提題を提出しました。このなかで彼はとりわけアリストテレスの形而上学を攻撃しましたが、しかし、神の法は人間を義へは導いてくれず、だれひとりとして神の前で自らの道徳的生活を拠り所にする権利などもたないことを明らかにしました。人間の名目上の自由意志を彼は罪の奴隷と関連づけて明らかにします。自由意志は堕罪後は単なる概念にしかすぎない。自らの能力の内にあることを人がなす限り、彼は現実には死に至る罪を犯すことになる。それに対して教会はいつも次のように教えてきました。人はたとえ弱くとも自分にできる限りのことをしなければならない。すると、神が足らないところを与えてくださる、と。

一五二四年、エラスムスはついにルターと公に対決するように強いられ、『自由意志論』を発表しました。このなかで彼はハイデルベルクでルターが表明した提題を引いて、人間が神に対して何ら自由意志をもたないという主張に反論します。エラスムスは限定された意志の自由を支持し、人間は神による恩恵の提供を受け入れることもできるし、あるいは拒絶することもできるがゆえに、自らの救いに関してはともに責任を負うと主張しました。

人文主義者によるこの著作は、丁寧で控え目な調子で書かれていて、〔ルターを〕挑発をしようとはしていませんでした。とりわけ著者は、周辺的なテーマについて論じているのであり、それほど慎重であることはないと思っていました。しかし、ルターはテーマとその調子に猛烈に反応します。そして、一五二五年に彼の神学上のもっとも重要な著作『奴隷意志論』を著します。宗教改革者は自らの立場に止まったのです。つまり、人間は神との関係においては決して能動的な形成者ではなく神のみが働かれるのであり、人間はそれをただ受け取るだけである。エラスムスに彼は嘲罵を浴びせかけました。

エラスムスは深く傷つけられます。それ以後は宗教改革について何も知ろうとはせず、自身を再び古い教会の一員だと明確に認識します。メランヒトンとの関係も一時的に悪化しました。ルターに対しては一五二六―二七年にもう一度本が出されます。それは二巻からなる『マルティン・ルターの奴隷意志に対する反論』（重武装兵士）です。詩編九一編一三節によってラテン語の表題を読み込むこともできます。一方は毒蛇ルターを越えて歩む者です。ルターはエラスムスをすでにクサリヘビと罵り、それ以上応えることはありませんでした。

メランヒトンは初期の頃、ルターと同じように自由意志を否認していました。一五二一年のロキにはこうあります。「しかし生起することはすべて神の予定に従って必然的に起こるのであり、わたしたちに意志の自由はないのである」。二人の巨人による論争のなかで彼は実質的にはまずルターの側につきました。メランヒトンは――エラスムスと公に論争したり声の調子をつかみそこねたりすることなく――一五二〇年代の後半に書かれた、コロサイの信徒への手紙のさまざまな注釈のなかで、エラスムスに対して同じように向けられていた立場を変えます。メランヒトンの見方からすればエラスムスは、キリスト教的な義と人間の自由とを明瞭に区別していないという根本的な過ちを犯していました。メランヒトンは人間の自由をこの世のことがらに属するものとするものの、人間の弱さならびに悪魔からの攻撃によって制限されているとします。哲学者自身は無力であり、正しいと認識された原理に従うこともできません。エラスムスは神の言葉と人間の理性とを正しく区別することもありませんでした。メランヒトンはエラスムスを人文主義者としても論難しましたし、彼の修辞学上かつ弁証法上の能力にも疑問をもちました。エラスムスのルターに対する攻撃はメランヒトンをも攻撃することになり、メランヒトンはエラスムスのなかに、もし人間が神の助けを失った場合に何がその人に起こるのか、ぞっとするような事例を見出したのです。

しかし、一五三〇年に彼は再びエラスムスと連絡をとり、三〇年代にその神学上の理解を変化させます。彼はエラスムスに近い立場に立つようになるのです。それでもなお後期のメランヒトンはエラスムス主義者ではなく、自らをそのようにも理解してはいませんでした。ルターはその同僚の立場の変更に寛大であった一方で、ルターの支持者たちはメランヒトンを激しく攻撃しました。ツヴィングリの後継者で、チューリヒ人のハインリヒ・ブリンガーもまた、激しく非難しました。今日に至るまで意志の問題においてメランヒトンがとった態度は、宗教改革者としての品位を疑う根拠となっています。しかし、メランヒトンにとっては、義とされた者が霊を受け取り、その者が思考と意志とを更新するのは当たり前のように思われました。確かに意志は弱いものではありますが、しかし、決して奴隷ではないのです。

一五五六―一五六〇年にザクセン公国では意志の自由をめぐって、神人協力説論争が起こります。救いの獲得に際する人間の意志と力との協働をめぐって新たに問題が提起されたのです。人間は神からの恩恵の提供に賛同しなければならないのか、それを拒絶することもできるのか。ライプツィヒのヨハン・プフェフィンガーとイエナのヴィクトリヌス・シュトリーゲルは、メランヒトンに基づいて、人間の意志が協働しなければならないと主張しました。「人間は丸太ではない」と、彼らはいい放ちます。イエナのマティアス・フラキウスはそれと反対の立場を主張し、意志の自由について猛烈に否認しました。

聖人を崇拝しても、懇願はしない

聖人崇拝は中世における敬虔を構成する重要な要素でした。人々は聖人たちを緊急の際の救助者および調整者と見なし、彼らに懇願しました。ルターは一五〇五年、シュトッテルンハイムで激しい夏の雷に打たれたとき、聖アンナに呼びかけ、願いが聞き入れられたときには修道士となる、と約束しました。彼は雷を生き延び修道院に入りました。

しかし、一五一七年よりルターは聖人崇拝を攻撃します。宗教改革が根を下ろした場所では、教会からしばしば聖画像が除去されました。多くの場所で暴力的な聖画像破壊運動が起こりました。

メランヒトンはルターと異なり、聖人との親密な交わりを保つことはありませんでしたが、区分をめぐるテーマに尽力します。アウクスブルク信仰告白第二一条では、こう述べられています。「われわれは、聖人を憶えるべきである。それによって、いかに恵みが彼らに与えられたか、またいかに信仰によって彼らが助けを与えられたかを知って、われわれの信仰を強めるためである。さらに彼らのよい行いは、われわれがそれぞれ自分の召しに応じてする行いの例となる」（信条集専門委員会訳『一致信条集』聖文舎、一九八二年、五八頁）。弁証では第二一条について詳細な祈願論が含まれていて、そこでは嘆願は神に対してのみふさわしい、と述べられています。祈願に関する比較的長い叙述の前のところで聖人が問題とされています。「われわれの信仰告白は聖人に誉れを帰すことを認めている」（同前書、三二六頁）。福音派の視点から聖人に対してふさわしい三種類の誉れがあるといいます。一、神を通じてもたらされた慈悲の実例に対する感謝を述べることで、人は聖人を賞賛するべきである。これは聖人を通じて教会に与えられたのであり、彼らは教会の教師としての役割も果たしたのである。ゆえに、聖人崇拝は神に捧げられた感謝を通じて生じるのであるが、しかし、聖人自身も賞賛されるべきである。というのも、彼らは神から与えられた賜物を正しく用いたからである。二、また聖人は、その人生史が信仰を強めることに用いられる限り、賞賛されるべきである。そこから、人はこうした聖人の人生史を知らなければならないことになる。三、人は聖人を模倣を通じて賞賛すべきである。それも、その信仰と同様に徳といったものを通じて。これは弁証のドイツ語版では「愛」と「忍耐」として具体化されています。

ここから一五五二年に著された教会規則でメランヒトンは、聖人についてどのように正しく伝道されるべきかを明らかにしています。どのような人間に神は自らを明らかにされ、その言葉を与えられるのか。しかも、いつもどのような教えのために聖人は語り戦ったのか。それによって、今日のキリスト者は「彼らの証を通じて」強化されたのか。人は聖人によってこうしたことを示すべきです。また人は聖人から、教会が「引き続き十字架の下にある」と同時に、「神の力によって」保たれていることを学ぶことができるのです。

メランヒトンにとって聖人崇拝は、これによって培われた日々の思い出と関連して、個人的には重要性をもっていました。暦を見て、それと関連してその都度の日々の宗教的かつ歴史的な意味に思いをはせることは、彼の朝の祈りの確固たる構成要素でした。彼はこうした日々が有する性格を思い出すことから刺激を受けていました。それは敬虔主義において日々唱える聖書の金言の働きとも比較しうるものであり、感謝と誓願を引き起こさせ、あるいは手つかずで残っている日々の課題に対して有益で慰めに満ちた考えを仲介するものでした。このためにメランヒトンは時が経つなかで固有の暦を考案します。これは伝統的な教会の祭日や洗礼名の日に宗教改革の考えを調和させたものを含み、同時に一般の歴史や個人的な領域から新しい他の記念日を記録したものです。このためにメランヒトンは受難節の出来事を確たる歴史的な年表に書き写します。これはすでに中世において散発的に試みられたものでした。メランヒトンの時間の区切りは三月一四日、イエスが「ヨルダンの向こう側」（ヨハネによる福音書一〇章四〇節）を後にしてから、三月二七日、復活の日まで及びます。聖金曜日の期日ならびに他のすべての移動祝祭日は、これによってもはや月のサイクルに依存することはなくなり、確たる日付となりました。三月二五日、春分の日は、メランヒトンにとってキリストの十字架の確たる記念日となります。その際、彼は古代教会ならびに中世教会の伝統を引き合いに出したのですが、それは当時の教会において貫徹されていませんでした。三月二五日というこの日は、メランヒトンの見方によると六番目の創造日と同じであり、それはアダムが作られた日でした。加えてその日はメランヒトンにとって堕罪が生じた日でもあって、ノアが箱舟に入った日でもありました。しかし、それだけではありません。メランヒトンにとって三月二五日はエジプトからイスラエル人が脱出した日でもあり、イサクの犠牲と結び付いていました。幅広く世間一般に認められた伝統との一致において、ついに三月二五日は、メランヒトンにとってキリストの受胎の日となり、その驚くべき生誕の日となったのです。

出来事の概観および正確な日付の特定は歴史に対するメランヒトンの関心を開花させると同時に、神学的で救済史的な概念の表現ともなりました。重要なことは、歴史的あるいは神学的関連がある出来事は、キリスト教においては常にいつも時間的あるいは場所的なものと結び付いているということです。

三月二五日がメランヒトンの敬虔生活にとって有する意味は、三月二五日に書かれた手紙のなかの多くの表現から読み取られます。それについて、彼は一五四五年三月二四日に自らの考察ならびにそれに基づく計算をヴィッテンベルクで公に掲げています。数日たって後にルターもまた手紙のなかで、慣習に逆らって、メランヒトンが広めようとしている年表に従ってキリストの復活の日付を記入することにしました。

伝統的な聖人の記憶はメランヒトンの日々の記憶において同じくある役割を果たしています。たとえば、八月二〇日、彼はクレルヴォーのベルナールを思い出し、とりわけその政治的な作品を評価しました。すなわち、教会および皇帝と対立して追放された対立国王コンラート三世との和解を、この「よき思想」が賛美するようにです。ベルナールが悪魔を追い出したという知らせを正当だとメランヒトンは捉えました。そして、今日においても人は祈りを通じて悪魔から自由になることがありうる、と解説します。教父アウグスティヌス、アンブロシウス、そして人文主義者の守護聖人ヒエロニムスは、その記念日を記憶に留め、テューリンゲンのエリザベートを、メランヒトンは「敬虔な領主夫人」として評価しています。大グレゴリウス、聖ラウレンティウス、アレクサンドリアの聖カタリーナも注目されました。カタリーナの日はメランヒトンにとって重要でした。というのも、妻ならびに彼がまだ生きているあいだに生まれた二人の孫は、伝説上の歴史的には把握不可能な聖人の名をもっているからです。ともかく、伝説的なローマの助祭ラウレンティウスの姿はメランヒトンにとって意味がありました。というのも、彼はラウレンティウス教会で洗礼を受けたからです。

メランヒトンは歴史的な要素に強い関心がありました。それは記念日を知らせてくれるだけではなく、聴衆の前でいつその出来事が起こったのか、算出することを好んだからです。伝説的な材料、とりわけ外見的に奇跡的なものは、さらに除去されました。より進んで、メランヒトンは聖人日を規則的な反対説教をするためのきっかけにもします。このなかで彼は聖人につきまとう「ばかげた作り話」を論駁しました。

メランヒトンの歴史考察は宗教的な傾向も備えていました。彼は人文主義者の伝統にあって歴史がもつ事例としての価値を強調します。その際、彼にとってとりわけ道徳的—倫理的側面がまず重要でした。後に彼にとって神への畏れや信仰がさらに問題となります。メランヒトンによれば、歴史は怒りと恩恵の下に神の世界支配を認識させ、祈りへと促すのです。

彼は聖人の記憶と結び付いた日々の思い出を通じて、規則的に中心となる救いの出来事を想起していました。またさらに民衆の歴史および個々人の人生における神の現在をです。そこから彼は行動力と責任をもって振舞いうるために必要な神への信頼と確信とを得たのでした。「毎朝、祈りと聖書を読んだ後、暦に注意を向けなければならない」と、メランヒトンは学生たちに、釈義と勧告を兼ねた日曜日の講演で、四〇から五〇歳代のときに繰り返し説いています。彼自身、長年朝の祈りとして実践してきたことを彼は学生たちにも勧め、さらに大学規則のなかにさえ明記したのです。

最後に一五四四年以来メランヒトンは、福音派による暦を作り印刷しなければならないという思いを追求します。それは、暦と歴史のなかで教会暦と教会史とが互いに結び合った、学問上の仕事にとっても敬虔な実践として有用とされるべき作品でした。

この新しい福音派の暦は緊急に求められましたが、しかし、メランヒトンはこれを自分で印刷出版しようとはせず、それにふさわしい学生が現れるのを待ちました。パウル・エーバーがこの企画に一五四〇年代の終わりになって着手します。一五五〇年『歴史カレンダー』初版が刊行されました。これは客観的で事実資料に満ちていましたが、メランヒトンによる歴史的―宗教的な日々の思想関心に完全に呼応したものでした。

エーバーによる暦は――学者による使用のために――さまざまな古代の月や日の表示、天文学的な指示ならびに聖書上、教会史上さらに世俗史上の名前や出来事を本来の記念日のために提供したものです。一般史がほとんどですが、聖書上の人物や出来事（たとえばノアの箱舟）や教会史上の重要人物（たとえば大グレゴリウス、ヤン・フス）もまたその座を占めていました。聖人のなかからは狭い意味でほんの数人が取り上げられました。たとえば、アンナ（七月二六日）、バルバラ（一二月四日）、ベルナール（八月二〇日）。三月一〇日から二七日までは、受難と復活の歴史の詳細な記述が含まれています。

もちろん論題提示ならびにルターの人生における段階も記されていて、ヴィッテンベルクの学者の人生から、たとえばメランヒトンの誕生日も記されています。ロッテルダムのエラスムスの誕生日も欠けてはいません。後の版では、さらにヨハン・エックの命日も取り入れられました。一五三五年、ミュンスター攻略の記念日には、次のような言葉でコメントされています。「神に根差さない力は神から祝福されることはなかった。キリストに反する者は存続しえない」。

福音派の新たな聖人としてルターを崇拝することは、すでにその存命中から始まっていました。一五二一年、シュトラースブルクの芸術家ハンス・バルドゥングは木版画を制作していますが、すでにそこでこの宗教改革者は聖人の後光を示しています。たとえ後に聖人の姿は放棄されたにせよ、カトリックの聖人と比較されるようなルター崇拝は持続します。彼の人生からは今日にまで伝えられるような伝説が作り上げられ、今でも引用されるような言葉が本人の口から出たものとされるようになりました。彼の人生と業績にちなんだ場所は、なかでもヴァルトブルクの部屋やヴィッテンベルクの居間は保存され、すでに一六世紀後半には訪問者を魅了し、彼らは壁への落書きによって自分の名前を永遠に記しています。

ルターだけが唯一の福音派聖人には止まりませんでした。一七世紀には三〇年戦争でのプロテスタント側の救い手であるグスタフ・アドルフが加わり、一八世紀には敬虔主義のカリスマ的な人物や、二〇世紀にはディートリッヒ・ボンヘッファーやマルティン・ルーサー・キングが加わります。

人生の危機

四〇代になったメランヒトンは、人生の大きな危機に陥っていました。続いて、まず重い病気が彼を襲い、後に鬱となり、自殺しようという考えまで抱くようになります。背景には、自身の誤った態度や、ヘッセンのフィリップによる重婚ならびにメランヒトンの娘アンナとが関連して生じた罪の感情がありました。

ヘッセンのフィリップは宗教改革のもっとも重要な指導者に数えられていました。彼は強い信念をもった福音派であり、政治的かつ軍事的な力によって際立っており、スイスとの実りある架け橋を築いていました。彼はザクセンのクリスティーナと結婚しましたが、しかし、この分相応の結婚は一六年後にはもはや平穏なものではありませんでした。領主の結婚というものは愛や好意から成立するのではなく、支配を堅固なものとし拡大するという理由で行われるものでした。フィリップには側室がいました。それは一六世紀の諸侯においては普通のことでしたが、フィリップは重要な点でその諸侯仲間たちとは異なっていました。つまり、彼は自らの行動の疾しさゆえに良心の呵責を抱くようになり、ゆえにもはや聖餐式に行かなくなってしまったのです。ついに一六年後、彼にとってもはや側室では満足できなくなり、ザーレ出身の一七歳の女官マルガレーテを〔妻として〕望むようになります。そして、ブツァーを通じて彼はルターとメランヒトンにどうすべきか問い合わせます。両ヴィッテンベルク人は方伯に対して一五三九年一二月、秘密裏に重婚を認め、その決断を聖書からの数多くの所見によって基礎づけました。重婚は聖書によれば男性について禁じられてはいない。太祖たちに見られるように、彼らは複数の女たちとともにいたのであった。しかし、女性については複数の男と婚姻関係にあることは許されない、と。一五四〇年三月、フィリップはフルダのローテンブルクで二回目の結婚をします。メランヒトンとブツァーは結婚立会人を務めました。ルターには魂への配慮という支援へのお礼として、一フーダーのラインワインが贈られます。

しかし、ことがらは秘密のままには保たれませんでした。激しい抗議と一般の驚愕が広まります。というのも、重婚は帝国法によれば死刑によって罰せられたからです。方伯は自らを救うために皇帝と政治的な妥協を求めなければなりませんでした。一五四一年、彼は皇帝に対して新たに対外的な同盟はもはや結ぶことはしないし、既存の同意の更新に際しては皇帝を敵としては除外すると契約し、そのことを約束しました。福音派の政治的かつ軍事的力はこれによって決定的に弱められました。これが五年後の一五四六年に皇帝が戦争に手をつけることのできる根拠となったのです。

メランヒトンは重婚を擁護したことですぐに大きな危機に陥ります。恥じることのなかったルターとは対照的に、メランヒトンはいわば自身の振舞いと協力とを悔いました。彼は福音派がなすべきことに対して、政治的にも道徳的にも大きな損害を与えてしまったと捉えたのです。それゆえ数週間して彼を不安と重苦しい気分とが襲います。これから解放されることは、もうありませんでした。結果として彼は病気、それも重病を患います。

一五四〇年六月、メランヒトンは宗教会談のためにエルザスのハーゲナウに向けて旅立ちました。この企ては、メランヒトンの個人的な状態に関しては決してよい徴候とはいえませんでした。別れに際してヴィッテンベルクで彼はこう漏らします。「わたしは教会会議に生き、いまやある教会会議で死ぬことになるだろう」と。明確に彼はそうした死の予感を表現することはできませんでしたが、教会会議までに、つまりハーゲナウには彼は到着することはなかったのです。すでに途上でのヴァイマールで、彼の「魂の痛み」は彼をして身体的なエネルギーを消耗させるまでとなっていました。ルターに宛てて彼は最後の力をふりしぼって手紙を書いています。これは事態の重大さを示していました。メランヒトンは床に横たわり、死を待つようになったのです。

急を知らされ、ルターは友人たちや同僚パウル・エーバー、ユストゥス・ヨナスとともに、すぐにヴァイマールに向けて旅立ち、そこで彼らは皆で精神的にも彼の重病の世話をしました。一週間ほどしてルターは彼の妻に連絡をとり、メランヒトンは「本当に死にそうであったが、ラザロが死から真に蘇ったかのようだ」と伝えています。ルターはこの出来事を、神が祈りを聞き入れてくれたかのように、神による奇跡だと解釈したのです。後に彼は繰り返しこの出来事を語るようになり、死者が蘇ることといつも比較するようになりました。その際、彼はメランヒトンの快復が祈りによって達せられた、としばしば語ったのです。ルターにとってはメランヒトンを救ったことは——後に彼が繰り返して語ったように——、不断のとりなしの願いがある人間を死から救い出すことに成功したという、自身で体験した数少ない実例のひとつなのでした。

メランヒトンはヴァイマールで重病であっただけではなく、自身では実際もはや生きたいとも望んでいませんでした。内的には人生への望みを絶ち、もはや食べることも飲むこともしなかったのです。ルターによる働きの重要な部分は、ゆえにメランヒトンの人生における倦怠を、再び生きる勇気へと突き動かしたところにあります。それは神の助けがあったからこそできたのです。メランヒトン自身もまた振り返りながら、「神の摂理を通じて」ありありとした死から生へと呼びもどされたことを知っていました。幻覚のなかで彼は詩編一一八編一七節が壁に記されてあるのを見ます。「死ぬことなく、生き長らえて主の御業を語り伝えよう」。ここから彼は新しい力を獲得したと伝えています。神は自分を死なせようとは欲しておらず、むしろ生きて神の命令の下に福音を述べ伝えなければならないことを、彼は認識していました。以後メランヒトンは神に感謝するのみならず、神の栄光のために生きることができるよう、望むようになったのです。

メランヒトンの自信は、結果として強く震撼させられることとなりました。彼はフィリップの結婚問題によるストレス、自身の心の問題、そして身体的症状のあいだにある、明らかな因果関係を認識していました。宗教会談へのまさに途上で重い病に陥ってしまったという事実は、彼に自身の可能性の限界を知らせることとなりました。そして、ついに彼の意志は、死ぬことを欲したとはいえ、それを拒否し許さなかったのです。

ここから次のことが分かります。この出来事に関するメランヒトンのもっとも初期の表現において すでに、新しく開かれた生に対する感謝とならんで、彼に新しく担わされることになった生の意味と目的についての問いが登場したことが。彼は現象の帰結、自身についての神による未来の意志について問いかけました。彼の人生の目的はいまや目の前に新たな明断さをもって立ち現れていました。彼は神の栄光に奉仕すること以外のことは、もはや何もすまいとします。具体的には——彼は繰り返し確認しているのですが——教えることと祈ることとが彼の人生の責務となったのです。祈りと学問において、それがやはり彼を神の賛美へと駆り立てるのですが、ここに彼は意味を見出したのです。彼は政治問題とは距離を保ち、宗教問題について討論することにも、もはや関心をもたなくなりました。

もう一度大きな危機が少し後に私的な領域でメランヒトンを襲うことになります。それは不幸な結婚をした娘アンナのことです。この出来事は彼の神学およびそこから実践されてくる敬虔に対しても、ある帰結をもたらすものでした。

アンナはメランヒトンとその妻カタリーナとの最初の子どもです。一五二二年、彼女はヴィッテンベルクに生まれました。メランヒトンと妻の希望で彼女は一四歳のとき一五三六年に、その学生のなかでもっとも優秀で詩人でもあるゲオルク・ザビヌスと結婚します。彼は実際にメランヒトンの学生であり、ブランデンブルクの都市部の出身で、すでに一五二三―二四年以来メランヒトンの家で生活していました。彼はその先生と一五二九年にはシュパイアーへ、そして一五三〇年にはアウクスブルクへと同行しました。すでに一五三四年、アンナが一二歳のとき、両者はその両親の指示に基づいてヴィッテンベルクで婚約したのでした。ザビヌスはアンナよりも一四歳年上でした。

アンナ・ザビヌスの結婚は不幸な結果に終わります。その夫は軽薄な生活を送ります。借金を作り、教会のことがらにはほんのわずかな関心しかもちませんでした。夫婦は理解し合うことはなく、よく喧嘩し、別居を繰り返していました。こうしたことについてザビヌスは不幸の責任をアンナとその両親のせいにし、アンナに対し文句ばかりいい、喧嘩好きで愚鈍であり、姦通を犯していると非難しました。

すでに一五三七年、いよいよ結婚の終わりへと歩み始めた娘の苦悩の道のりは、メランヒトンの長い人生のなかで彼を大きな危機へと導きます。メランヒトンが娘の運命のゆえに一五三七年から一五四七年までのあいだに被った苦しみの歴史は、近しい友人やその他、ヴァイト・ディートリッヒやヨアヒム・カメラリウスに宛てて書いた手紙から再構成することができます。一一年間にわたってこの問題はメランヒトンを疲れさせ、この悲惨の責任を自身に負わせ、そして死を望むことにさえなったのです。そこで一五四三年一〇月には現実を目の前にして人生に嫌気がさして、こう述べたのでした。「わたしは人生に別れを告げたい」と。そして一五四四年六月には自殺さえ考えるようになりました。その上さまざまな心身障害が加わります。不眠症、発疹、脾臓痛、結石症。こうした病気と彼の精神的な痛みとの関連が、これらからよく見てとれます。

一五四四年、ストレスは最高度に達します。「この年わたしはさまざまな仕方で苦しめられた」とメランヒトンは一五四四年九月の終わりにヴァイト・ディートリッヒに述べ、娘の惨めな状態を思い起こさせています。一月、メランヒトンは調停と和解を考慮に入れて、ザビヌスにケーニヒスベルクの新しい大学の学長職に推薦する手紙を書きます。彼がこの職にはもともと向いていないと見なしていたにもかかわらず。五月、ザビヌスはライプツィヒからアンナに〔実在しない〕情夫として捏造した手紙を書き、後に姦通の罪をかぶせることができるようにしながら、このことに「感謝」しました。その後で、メランヒトンを含めてすべての当事者によって離婚について検討されました。メランヒトンは離婚のことを、当時すでに八年来くすぶってきた葛藤の最善の解決策だとも考えていました。しかし、ザビヌスは最終的に離婚には反対の決心をします。

ザビヌスはケーニヒスベルク大学の創立学長に任命されました。これがメランヒトンにとっては新たに大きな苦悩と結び付けられることになります。すでに六月初めに彼は、娘が旅立つ準備ができたことの苦しみを訴えています。七月初めにアンナとザビヌスは遠くケーニヒスベルクへと発ちました。二人の夫婦の関係はそこでも特に改善されることはありませんでしたが、ただ一般的な生活条件はアンナにとって有利なものになりました。

父は娘を失ったなかでさらに苦しみ、ただ手紙と祈りにおいてのみ関わることができるだけでした。メランヒトンは二度と娘に会うことはありませんでした。ケーニヒスベルクで彼女は六番目の子どもを産んですぐ、一五四七年二月に二四歳で亡くなります。やっと一か月後メランヒトンは訃報を受け取ります。先週、しかし彼は娘のことを何度も夢に見たのでした。彼女は病気で、それで彼は彼女が夢のなかで目に涙を浮かべて立っていたのだ、と考えました。

一五四四年一二月、メランヒトンはニュルンベルクの説教者ヴァイト・ディートリッヒに宛ててラテン語の手紙を書いています。彼はメランヒトンの学生であり友人です。彼はこの手紙のなかで、所与の原因から、こうした人間的な苦しみの原因、さらに真の慰めの源についてまで話すに至っています。一五四四年一〇月半ば以来印刷され発表されてきたロキの新しい版のなかで彼は、こうした問いについては「入念に」取り扱う必要があり、解説して次のように付け加えています。「わたしはこれをいわば最高の苦しみのなかで記した。わたしの娘の最悪の惨めな運命にまつわる苦しみのなかで」。危急時の祈り、「神があなたとわたしとともに、今いますように」という言葉で、手紙は締め括られています。

ゆえに、苦しめる者としてメランヒトンは四〇代に苦悩について記しています。よって、両者を関連づけて考察することが、かなり重要です。すなわち、娘の人生の運命と結び付いたメランヒトンの苦悩の運命、そして彼の教義学教科書による苦悩の神学との関連です。

メランヒトンにとってのテーマの重要性は論述の広がりにおいてすでに明らかです。彼はこのテーマに対して三回も紙幅を、たとえば神論あるいは予定説といったものに、割いています。また教会論は明らかに少なめの頁で取り扱われています。メランヒトンは苦しみの原因について問いかけ、それを原罪と呼び、人間の自然本性の弱さ、さらに悪魔とも呼んでいます。彼は、なぜ教会や敬虔な人々が不敬虔な者たちよりも多くの苦悩に見舞われるのか、と問うています。

総じて七つの理由をメランヒトンはあげています。なぜキリスト者に苦しみが付きまとうのか。それは、これを通じて教会が苦しまれた神の子と同じようにされ、真実の信仰というものがどういうものか、輝ける実例を示すためである。最後に彼はなお五つの「慰めの根拠」をあげています。このなかには、神から苦しめる者に対して約束された助け、および祈りによる力があります。

メランヒトンはその慰めの教説によってキリスト者が苦悩を理解できるようになり、その原因および実現可能な目標という観点から、それに耐えられるようにすることを追求しています。その結果、いかに人は苦悩を積極的なものに向け変え、そこから益を創造しうるのか、示そうとしています。苦悩はメランヒトンによって否定されるものでも理想化されるものでもなく、冷静かつ現実的に考察されています。メランヒトンは詩編を模範にして旧約聖書的な苦悩による敬虔について考えを展開していますが、しかし、キリスト論的なもので補足し、宗教改革の核心にある思想によって改造しているのです。

メランヒトンにおいては神学と人生の実践とのあいだに確かな一致が見出されます。彼の神学は宗教的な経験を、独自にかつ違ったものに加工しました。彼が記した多くのものはこの経験に根差すものであり、それ以外のものはこの経験を通じて確認したものでした。そして、彼が教えたことがらは彼自身が生きたものと一致しているのです。

ロキのドイツ語版

一五二一年、メランヒトンは初めて自身の神学教科書を出版しましたが、それは彼の全生涯に寄り添うものでした。これは新版および追補を重ねます。これによってメランヒトンは宗教改革の歴史の歩みを通じて新しく提起された問題設定に応えたのでした。

一五四三—四四年、彼は第三の最後の完全に新しい教科書の版を作製します。その際、部分的には一五三五年の第二版に依りましたが、大部分を彼は完全に新しく構成し直しました。成果は一五三五年版の二倍の量となって現れます。

個々の修正をメランヒトンは後になってもなお施し、それは彼の死の直前に至るまで行われています。成熟したメランヒトンの最後の段階における神学を知りたいと思う者は、一五五九年の第三版を改訂した最後の版を手に取る必要があります。ドイツ語の翻訳版には抜粋しかありません。

一五五二―五三年、メランヒトン自身の手によるロキのドイツ語版が生み出されました。これは翻訳ではなく、縮約され簡素化された新しい版で、より広範な読者層を念頭に置いています。言語の選択は宗教改革者たちによって注意深く考慮されていました。すでに一五二二年以来、ロキのドイツ語版は出版されていましたが、しかし、メランヒトン自身がそれを翻訳したわけではありませんでした。翻訳者は、ゲオルク・シュパラティンおよびユストゥス・ヨナスでした。

注目すべき点は、メランヒトンがこの新しい本を女性であるアンナ・カメラリウスに献呈したことです。彼女は友人ヨアヒム・カメラリウスの妻であり、その夫人が素晴らしい教養をもち合わせていたからなのです。これはおそらく女性に献呈された神学教科書の、最初でかつ確かに長いあいだ唯一のケースとなりました。

グリュンスベルクのアンナ・トリュフゼスはニュルンベルク地域の出身で、一五二七年にヨアヒム・カメラリウスと結婚します。彼女は一五二八―一五四六年のあいだに五人の息子と四人の娘を産みました。メランヒトンは彼女と手紙でのやりとりがありましたが、それは残されていません。第三者に宛てた一五四六年の手紙から、彼女がメランヒトンに手紙を書いていたことが分かります。一五三一年、メランヒトンはある友人に宛てた別の手紙で彼女の教養を称賛しています。おそらく彼は彼女のなかに、自身の妻のなかには残念ながら欠けているものを見ていたのでしょう。アンナ・カメラリウスはヴィッテンベルクで書物を購入し、それをライプツィヒに送らせたりもしました。彼女は一五七三年に亡くなっています。

並信徒教義学はカテキズムのスタイルで、ラテン語版ロキに自由に基づく形での福音派の教えを提供していましたが、それは読み手に考察のための手ほどきをしました。このなかで聖書を恒常的に参照させようとしていますが、これは傍で聖書を用いる読者のことを考慮に入れてはいません。各項目は定義で始まります。そして、より長い説明が続きます。メランヒトンは聖書から、さらに歴史や文学作品からも神学的な権威を得ました。アンドレアス・オジアンダー、トーマス・ミュンツァー、再洗礼派、そしてトリエント公会議との論争的な対決も見出されます。

ドイツ語版ロキは最後に一五五八年に印刷されました。一五五五年、メランヒトンは自身が取り掛かったロキのドイツ語版はラテン語版よりも「より優れている」と言明しています。明らかに彼はこの本のなかで説かれている信仰の瞑想に対して、自身でも大変満足しています。人はこの作品を神学上の遺言とも見なしうるし、だからこそ後期のメランヒトンのラテン語著作よりも重要性を付与することさえできるのです。

ルターにまつわる悲痛

ルターは一五二一年以来、選帝侯と結び付いていました。大きな旅は破門と追放によって行うことができません。一五二九年、彼はマールブルクに、一五三〇年にはコーブルクの要塞にいました。宗教改革の「外交政治家」としては、そのほかメランヒトンが前線に出ていました。

ヴィッテンベルクでルターはますます教授義務に専念し、聖書を釈義し、規則的に説教もし、あちこちで聖書を通じて宗教改革上の対立に介入します。とりわけ数多くの手紙や勧告を彼は著し、それによっていろいろな場所に影響を及ぼしたのです。彼の後期の大きな業績とは、いまや原語、すなわちヘブライ語からの旧約聖書のドイツ語への翻訳です。ようやく一五三四年これは完成し、「ルター聖書」が完結することになります。病気のため本質的に短気で癇癪もちとなっていたルターが見て取れますが、彼は一五四六年二月一八日早朝、アイスレーベンで死去します。偶然にもそこは彼の誕生の地でもあって、そこへ彼は争いを調停するために旅していたのです。しかし、ルターはヴィッテンベルクに埋葬されました。城教会の内部の彼の墓は、今日でも訪ねることができます。

プロテスタンティズムはそのもっとも重要な精神的な指導者を奪われたのです。ルターは、その人格と結び付いた宗教改革運動を統率することに大成功しました。〔しかし〕彼がいなくなり、ルター主義のなかの対立はほぼ不可避的に勃発せざるをえなくなります。そうした担い手たちはすぐに、彼らのそのときどきの個別の考えを、ルターに固有の真のものだと主張しようと企てました。そういったことが歴史においては偉大な人物の死後にしばしば起こるものです。

ルターの死から四日後、メランヒトンはヴィッテンベルクの城教会で追悼の辞を述べました。彼はルターを教会史のなかの偉大な神の証人の系列に位置づけました。それはアダムに始まり、預言者を経て使徒に至り、ついには近代へと導くものです。特徴的なのはメランヒトンが中世から選択した人物たちです。アウグスティヌス、アキテーヌのプロスペルス、証聖者マクシムス、サン・ヴィクトルのフーゴー、クレルヴォーのベルナール、そしてヨハネス・タウラー。それからメランヒトンは教会史における「偉大な人物」を特に取り上げました。それはまとめて五人で、イザヤ、洗礼者ヨハネ、パウロ、アウグスティヌス、そしてルターでした。

メランヒトンにとってルターは神の道具であり、福音の光を刷新し教会をまとめるために神が送られた人物でした。彼は教会がルターに負っている具体的なことがらを列挙しています。贖罪論を新しくしたこと、パウロ的な義認論、律法と福音の区別、「必要な行い」と人間による儀式や戒めとの差異化、聖書の翻訳、そして聖書の釈義です。メランヒトンはルターが祈祷論をも刷新したと強調しています。詩編に導かれた祈りを実践するというルターの日常の詳細を伝えることで、彼を祈る人の模範として際立たせています。

メランヒトンは傷ついた点について言及することもいといませんでした。彼はルターがあまりに荒削りではなかったかどうかと疑問を投げかけます。その際、彼はエラスムスやロイヒリン、そしてヴィリバルト・ピルクハイマーら人文主義者のことを考え、彼らによる親切を想い起こさせたのでした。メランヒトンは――彼の私信とは別に――個人的であからさまな判断は慎み、ルターにとって有利になるように理解を得ようと努力しました。神の道具はさまざまであり、すべての人間は欠点をもっているものです。

最後に彼は福音派が置かれている状況を次のように性格づけました。「わたしたちは父を奪われて見捨てられた孤児のようです」。彼は先見の明をもって、こう付け加えました。「偉大な指導者の死は、しばしばそれに続く争いを予告します」と。そして、それは現実とならざるをえませんでした。皇帝はメランヒトンが予感することもなくすでに大きな戦争を宗教改革に対して仕掛けようと計画していたのです。

戦　争！

遅くとも一五四五年五月の終わりからカール五世はプロテスタントに対して戦争を起こそうと不動の目論みを抱いていました。宗教会談は失敗でした。目下のところフランスもトルコも力を合わせてはいなかったので、帝国では皇帝は自由に振舞えました。ザクセン侯と並んでヘッセンのフィリップはもっとも重要なプロテスタント勢力でしたが、その重婚のゆえにすでにもう長いあいだ排除されていました。一五四五年春と夏のヴォルムスでの帝国議会は成果のないまま終わります。プロテスタントはちょうど始まろうとしていた公会議への参加を拒否しました。皇帝の見方からすれば戦争しかありませんでした。

一五四五年六月、教皇は皇帝に軍事的――四か月で一二五〇〇人――かつ経済的――教会の資産から――援助を約束します。一五四六年一月から三月までレーゲンスブルクでもう一度宗教会談が行われましたが、そこにメランヒトンは参加しませんでした。プロテスタントは成果なく失敗に終わった話し合いを中断し帰途につきます。

皇帝は積極的にその戦争のための同盟を強化し、古い信仰のバイエルンと交渉しました。しかもさまざまな福音派諸侯をプロテスタントの前線から何とか引き離そうと試みます。辺境伯キュストリンのハンス、辺境伯ブランデンブルク―クルムバッハのアルブレヒト・アルキビアデス、そして特にザクセンのモーリッツです。彼らは選帝侯としての権利や領土拡大といった約束を通じて皇帝勢力に引き入れられました。

一五四六年六月五日、レーゲンスブルクで皇帝出席の下、帝国会議が開かれました。六月一六日、カール五世はそこでもはや見通しのあまりきかない軍事的緊張の観点から、服従しない諸侯に対しては軍事的措置をとることを明らかにします。七月二〇日、ザクセンとヘッセンについて皇帝による追放が下されました。

最初の大きな戦争の現場となったのは南部ドイツでした。ザクセン選帝侯がドナウ川で皇帝側と戦っているあいだに、モーリッツ公爵は一一月無防備な隣国に侵入しました。一五四六年末、皇帝は南部ドイツの支配者となり、北の方へ向きを変えることができるようになりました。

一五四七年二月、和平のための努力がなされました。メランヒトンがこれを助け、選帝侯には慎重であるようにと勧めます。しかし、選帝侯は戦争での自分たちの幸運をあてにし勝利を望んだのでした。

決定的な戦闘は一五四七年四月二四日にエルベ川のミュールブルク近郊のロッハウの荒地で行われます。ヨハン・フリードリヒ選帝侯は打ちのめされ捕虜とされました。本来ならば死刑がすぐにでも執行されそうでしたが、皇帝はそうはしませんでした。一五四七年五月一九日、ヴィッテンベルクは降伏文書に調印します。一五四七年六月四日、ヴィッテンベルクの街とザクセン選帝侯の位はモーリッツに与えられました。このときから「ザクセン選帝侯」について語られる場合、アルベルティン家のザクセンが意味されるようになり、宗教改革が発祥したエルネスティン家のそれではなくなったのです。六月一九日、ヘッセンのフィリップは降伏し、彼もまた捕虜の身となりました。一五四七年五月二三日、勝利を収めた皇帝はヴィッテンベルクに足を踏み入れました。この街こそ宗教改革が始まり、多くの問題の端を発した場所です。カールは城教会に行き、ルターの墓に立ちます。彼とは一五二一年以来、一度も会っていませんでした。カールは「異端者」に対する習慣である、掘り出して遺体を燃やすようなことはせず、助言者による提案を退けることで、その偉大さを証したのでした。口述された彼の言葉がいい伝えられています。「わたしは生者と戦ったのであり、死者とではない」。彼がそう述べたがどうかは証明できませんが、しかし、それはどんな場合でも彼の態度や振舞いに適うものでした。ルターの墓が今も残り、そこを訪問できるのは、もっぱらルターの大きな敵対者であったカール五世のおかげです。ツヴィングリやカルヴァンの場合には不可能なことです。

メランヒトンにとって一五四六年および一五四七年は変化の時代でした。早くから彼は戦争の危険性を認識していました。戦闘が始まったとき、彼はこの出来事をプロテスタントの罪に対する神の罰だと理解します。しかし私的な手紙では、皇帝のなかで悪魔自身が働いていているが最終的には失敗に終わると堅く信じている、とも述べています。戦争が始まった直後、彼は夢のなかでノルトハウザーの市書記官で友人のミヒャエル・メイエンブルクとレーゲンスブルクの通りを彷徨い、ある男が運河に沈んでいるのに気がつくという情景を目にしました。近づくにつれ、それがカール五世であることに彼は気づきます。彼を助けようとしましたがむだでした。メランヒトンはこの夢の体験を友人であるヴァイト・ディートリッヒに報告し、彼はブレンツに宛ててこうコメントを送っています。「フィリップは元気な気質だ。彼は恵まれた夢を見ている」と。

一五四六年八月、メランヒトンと同僚たちはザクセン選帝侯ならびにその軍勢のために祈りました。彼らは選帝侯が正当防衛でよいことのために戦っているのだと堅く信じていました。敵が正しい教えを無にしようとし戦争を始めたからです。神は選帝侯とともにいましますし、彼は神の戦争を行っているのです。落ち着いてメランヒトンは神が福音の教えを守り皇帝はその目標を達成できないだろうと思っていたのです。戦争を些末視したり賞賛したりする態度はメランヒトンには全く見当たりません。彼は戦争のなかに「非常に大きな不幸」を見ていました。

戦闘行為の拡大に伴ってメランヒトンは福音派の共同体が衰退し、帝国が壊れてしまうことを危惧していました。彼は教養も衰退し野蛮に逆戻りしてしまうことを恐れました。彼は手も足も出せない状況でしたので、残されたのはただひとつだけでした。祈ることです。根気強く彼はこの劇的な数か月のあいだ平和と教会の保持を願って祈りました。ミュールブルク近郊で選帝侯が敗北した後には、メランヒトンは夢を通じて慰められます。彼はヴィッテンベルクの街教会〔聖マリーエン教会〕で礼拝に参加するのを見、聖職者たちがはっきりとした声でキリストの受難についてのよく知られた聖書の箇所を歌うのを聞いたのです。これによってメランヒトンにとっては、たとえいま教会が苦難と苦悩に導き入れられているとしても、福音は保たれ続けるだろうということは明確でした。

敵の兵力が近づきヴィッテンベルク大学が一五四六年一一月に閉鎖せざるをえなくなったとき、長いためらいの後——すでにほとんどの同僚たちはそうしていましたが——メランヒトンは亡命します。追い出された者たちの逗留地として、ツェルプスト、マグデブルク、ブラウンシュヴァイク、ギブホルン、アインベック、そしてノルトハウゼンがありました。しかし、さらに自らの考えと祈りにおいて彼はヴィッテンベルク、そこの大学に止まることになります。およそ三〇年間働いてきた場所に。

ヴィッテンベルク大学の救助

戦争準備と関連して大学街では城塞が強化されます。街教会の塔は一五四七年に展望台に火砲が設置できるように切り詰められました。今日に至るまで一五五六年に取り付けられた慎ましい塔の円蓋は、教会が大砲の塔に改造されたことを証しています。学生たちはヴィッテンベルクを退去するよう求められました。

すでに一五四六年一〇月にはヴィッテンベルクでは正規の教授活動は行われていませんでした。一一月六日に大学は閉鎖されます。モーリッツ公がツヴィカウからヴィッテンベルクにやってこようとしていたとき、皆には恐怖が訪れました。メランヒトンは家族とともに中立のアンハルト、後にはマグデブルクに逃れます。ただ教授のエーバー、学長のクルーツィガー、街牧師のブーゲンハーゲンは逃れませんでした。

一五四七年四月、メランヒトンはアルテンブルクから散らばったヴィッテンベルクの教授たちに宛てて、彼が大学をできるだけ早く再開させたいこと、そして彼らは他の大学へ引き抜かれてはならないことを記しました。六月、ヴィッテンベルクが皇帝から新しい選帝侯に委ねられた後、クルーツィガー学長は教授たちを呼び戻します。

一五四七年七月、主な戦闘が終わった後、メランヒトンはヴィッテンベルクに戻り、新しい君主の支配の下で仕事に取り掛かりました。宗教改革者は戻って来ることを願い、以前のようにヴィッテンベルクで、そしてそれ以外の他のところでは教育に関わりたくはなかったのです。そのとき彼にとっては自身の職業を守ることが問題ではありませんでした。というのも、そのあいだ彼はハイデルベルク、フランクフルト・アン・デア・オーダー、ケーニヒスベルク、そしてコペンハーゲンからの申し出を得ていましたから。メランヒトンにとってはヴィッテンベルクと同時に宗教改革のことが問題なのでした。大学は戦争を切り抜けることができました。そのことをメランヒトンは神に感謝しました。彼はここに自らの祈りが聞き入れられたと思いました。ともかく大学はその所有者が変わりましたが、新しい所有者はもともとそれを必要とはしていませんでした。なぜなら彼にはすでにライプツィヒ大学があったからです。ヴィッテンベルク大学の閉鎖はおそらくありうることでした。というのも、戦争の結果、領土が改変されることによって大学には資金の元となるものも失われてしまったからです。重要な資金源はアルシュテットやマンスフェルト、さらにいまや外国にありました。

しかし、メランヒトンは宗教改革の古くからの中心であるヴィッテンベルクを福音派の教えの確たる中心として保持しようとしました。彼には裏切り者のモーリッツの下で奉仕する用意がありました。彼に差し出されていた代案、すなわちイエナに行ってそこでエルネスティン家によって創設された新しい大学をともに築くというのは、彼にとっては論外でした。イエナはヴィッテンベルクにとっては代理であり、それをまねたエルネスティン家によって新設されたイエナ大学よりも、ヴィッテンベルク大学のことを、メランヒトンは第一に考えていました。

決定的な措置が一五四七年七月、ライプツィヒの領邦議会でとられました。請願書のなかでメランヒトンとその同僚たちはライプツィヒと同様ヴィッテンベルクにも経済的な保証を求めたのです。ヴィッテンベルクは選帝侯領における霊的な監督にとっては必要不可欠でした。そこで行われた牧師任職式は、ブランデンブルク選帝侯領、シュレージエン、ベーメンそしてハンガリーでも参照されました。さらに、これはヴィッテンベルクと結び付いた聖書翻訳や街にある選帝侯たちの墓を想起させました。新しい選帝侯はヴィッテンベルクを維持すると約束します。しかし、経済的なことがらをめぐる交渉は一五四八年まで長引きました。

モーリッツがヴィッテンベルク大学を存続させたことはメランヒトンの音頭によるものです。一八一七年になって、ついに大学はプロイセンによって閉鎖されます。メランヒトンの招聘には価値がありました。学生数は継続して伸びました。一五三三年から一五三七年までのルターの時代のあいだ、一一九九の学生登録がありました。一五四八―一五五二年にはその倍以上の、すなわち三〇四一もの多数を数えます。さらに一五六八―一五七二年のあいだ宗教改革の街では三五四〇人もの学生が登録したのです。なお重要なのは、ヴィッテンベルクでは仮信条の期間すべてを通じて福音派として講義がなされたという事実です。このこともまたメランヒトンのおかげです。ヴィッテンベルクとライプツィヒというザクセン選帝侯による両大学ともメランヒトンの精神によるものなのです。それに対してイエナではルター主義が定着し、彼らはルター自身よりもルター的〔純正ルター派〕でありたいと欲していました。

アウクスブルク仮信条と「ライプツィヒ仮信条」

一五四七年九月から一五四八年六月までもう一度アウクスブルクで帝国会議が開かれました。それはときおり「甲冑《かっちゅう》を着た帝国会議」とも呼ばれ、その性格を的確に表しています。プロテスタントを大目に見る時間は決定的に過ぎ去り、これに対して極めて決然と対決することになりました。しかし、カトリックもまた皇帝の意志に従って不当な要求を担わざるをえなくなります。

カール五世は帝国全体に有効な宗教法を公布したいと思っていました。これはプロテスタントに対してある若干の譲歩（聖職者婚、並信徒聖杯、贖罪の捧げものとしてではなく、記念ならびに感謝の捧げものとしてのミサ聖祭、私的なミサの廃止）を許すものでしたが、総じて古い教えに止まるものでした。その際、古い信仰の者たちは一心同体であったため経費削減をしなければならず、最低限のわずかな教会改革ができただけでした。しかし、皇帝は古い信仰の帝国等族に対する強硬な措置にもかかわらず、この計画を貫徹することはできませんでした。その結果、彼は宗教法をプロテスタントの領域にのみ公布しようという新しい戦略を追求します。そこでついに一五四八年五月、ことは帝国議会で伝えられました。立案された法の個別の規定を読みあげることなしにです。六月、規定は帝国議会議決で受け入れられるとともに発効しました。

この特別法はプロテスタントの領域ではアウクスブルク仮信条と呼ばれています。それは、公会議によって教会の論争テーマに最終的な決断が下されるまでの暫定的なものとして通用する、という意味です。皇帝が見るところでは、もはや自分の力では教会の一体性を再建することはできませんでしたので、彼は新たな公会議に賭けました。公会議による決定までにプロテスタントに対しては並信徒聖杯と、すでに済まされた聖職者婚を黙認することはかないましたが、その他の点については義認を贈与された愛（ドーヌム・カリターティス）の結果とするようなカトリックの用法ならびに教えが命じられました。負けた等族たちはさらに公会議を受け入れるようにと強いられます。こうして福音派の代表者も参加して公会議の第二期となりました。

メランヒトンにとってアウクスブルク仮信条は全く受け入れがたいものでした。というのも、これはもはや福音派の教えを認めていなかったからです。複数の緊迫して公にされた提言のなかで、彼は自らの立場を勇気をもって公然と発言します。彼は仮信条を拒否することを手紙で学生や友人たちにも勧めました。

多くの領域、たとえば南ドイツでは、仮信条には徹底して従い、部分的にせよカトリックの秩序が完全に回復しました。困難は、とりわけ伝統的な教会儀式を執り行うことのできる聖職者がもはや十分にいないところにありました。多くの場所で受け身的な抵抗が行われました。多くの宗教改革的心情をもった牧師たちは身を隠すか、あるいは逃亡を選びました。北ドイツでは皇帝の勢力は軍勢の形でも離れていたので状況は違っていました。皇帝は彼自身が軍隊を従えてそこにいるか、あるいは忠実で力のある同盟者がいるところでだけ、目的を達成することができたのです。仮信条の受け入れをマグデブルクやシュトラースブルクは、堂々と拒絶しました。

牧師や神学者やプロテスタント当局の態度は、こうした複雑な状況のなかで神学的な倫理の問題としても困難なものとなっていました。敗北の後にどのような選択の余地があるのでしょうか。一、人はこれに従い仮信条の規定を受け入れて公会議に望みをかけることができる。これはヴュルテンベルクの考えでした。しかし、メランヒトンによってこの態度は、自分の地域だけではなく全体においても拒否されました。二、人は積極的あるいは消極的に抵抗することができる。これは敵の力が大きいことから一時的には有効ですが、危険でした。これでマグデブルクは包囲攻撃されました。三、牧師や大学教員には逃亡や潜伏の可能性がある。ブレンツ、ブツァー、オジアンダーやそのほか多くの者たちがこの道を歩みました。メランヒトンはこれを拒みました。というのも、逃げた場合は助かりますが、共同体は放棄されてしまうことになるからです。四、そして最後に人は宗教上の地平で特別な規定、ある妥協、温和な仮信条を討議して作成することができる。この道をメランヒトンは選帝侯やブランデンブルクに勧めました。

メランヒトンの目標は宗教改革の関心事を維持すること、とりわけ福音的な義認論を守り、カトリックのミサを廃止することでした。そのために彼は他の領域では譲歩していました。七つのサクラメント、聖像、断食、ミサの上衣、祝祭日の容認です。こうしたことがらを彼はアディアフォラ、「どっちつかずのもの」と呼びました。善さと悪さとのあいだにあって、よって善でも悪でもなく、同じような程度のものとして、という意味です。メランヒトンには福音派の教えと説教とを救い、すでに南ドイツで起こっていることをザクセン選帝侯のために阻止するため、外面的な譲歩をする用意がありました。簡潔な定式ではこう述べられます。教えにおいては福音的、外的な実践においてはカトリック的。その際の危険は、民衆が外的な風習を通じて再び古い信仰に連れ戻されてしまうところにありました。

ライプツィヒではメランヒトンの関与の下で、それに対応した規定が練り上げられました。

アウクスブルク仮信条をすり抜けることができるように地域的な宗教法が計画されます。これは後のいわゆるライプツィヒ仮信条ですが、それは誤解を招く呼び名で、メランヒトンが作成したわけではありませんが、しかし、彼は一五四八年七月以来それに協力していました。決定版としてこの法は一五四八年一二月のライプツィヒでの領邦議会に提出され等族から多くの賛同を得ます。しかし、これは法的拘束力のあるものとして議決されず、したがって全く力のないものでした。それに対してアウクスブルク仮信条は有効な帝国法でした。よってアウクスブルク仮信条とライプツィヒ仮信条が同じ地平で根を下ろすことはありませんでした。

ザクセン選帝侯の計画はさらには追求されず実行にも移されませんでした。というのも、モーリッツはすでに再び政治的に新しい方向づけを開始していたからです。教会のなかでもすぐに新しい退却がありました。パウロ三世が皇帝との軋轢を残したまま一五四九年一一月一〇日に死にます。一五五〇年初め、ローマでは新しい教皇ユリウス三世が選ばれました。彼は皇帝との良好な関係を求めていました。そこでトリエント公会議を召集して彼を選出することを約束していました。これによって突然、教会の地平で統一への道が再び開かれたかのように見えたのでした。

ザクセン選帝侯による仮信条案とメランヒトンの計画への参与は大きな抗議の叫びを引き起

こします。メランヒトンはその反対者たちから非難をあびせかけられます。彼らは彼が金で買収されたと主張しました。人はこの偉大な宗教改革者であり神学者を「ヴィッテンベルクの文法家（語学教師）」といって罵倒し、よって彼の神学上の能力について異議を唱えたのです。反対者たちから考案されて名づけられた「ライプツィヒ仮信条」も論争の的でした。この定式化はすべての面で非とされたアウクスブルク仮信条との関連を作り上げるはずのものでしたが、それはありませんでした。ライプツィヒ案はアウクスブルク仮信条を穏和にしたものではなく、何か根本的に違ったものでした。

一五四八年からの争いの結果としてメランヒトンのかつての業績、たとえば一五三〇年のアウクスブルク帝国議会でのそれもまた、その当時の争いのなかで批判の目にさらされることになってしまいました。結果はメランヒトンの名声の大きな失墜です。彼はこれによって後々まで傷つけられ、これは今日に至るまでメランヒトンの評価に影響を及ぼします。

仮信条とアディアフォラをめぐる争いは、ルター主義内部において多くの、後に神学上の諍いとなるものの最初に大きな事件となりました。大抵の争いは何らかの仕方でメランヒトンと関係しています。彼は当事者でしたし、調停を求めていました。

「些末なこと」をめぐる争い

暫定的あるいはアディアフォラ的争いは一五四八年に始まりましたが、仮信条の時代が終わる一五五二年に結着することはなく、その後も引き続き似たようなテーマと混ざり合います。「暫定的」という名称は歴史的なきっかけを示し、「アディアフォラ的」という名称はテーマを示します。これは若干の人々にとっては重要と思われた些末なことを問題としていました。

主な論争者でメランヒトンの主たる敵対者は、当時はヴェネツィアに属していたイストリア出身のマティアス・ブラシチで、クロアチア人の父とイタリア人の母をもつ息子でラテン語ではマティアス・フラキウス・イルリクスと呼ばれていました。彼は一五二〇年から一五七〇年まで生き、ルターとメランヒトンの学生でした。一五四一年、彼は信仰逃亡者としてヴィッテンベルクにやってきます。一五四四年、すでに彼はヘブライ語教授となっていました。一五四八年、フラキウスは次のような見解を主張します。信仰告白とつまづきのことがらにおいてアディアフォラはない、と。信仰告白が問題となる場合、そこには些末なことなど存在しない。フラキウスがこうした立場を主張するのはたやすいことでした。というのも、彼は逃亡の身で領邦の教会政治に責任を負ってはいませんでしたから。教授職を彼は捨て、学生を見捨てて破門されたマグデブルクに行きました。

一五四九年四月、フラキウスはメランヒトンに対する最初の著作を公刊します。六月にはそれより長く、同じように印刷されて広がった手紙が続きます。ハンブルクの神学者たちやブラウンシュヴァイク‐カレンベルク‐ゲッティンゲン公国の宗教改革者アントニウス・コルヴィウスもペンを執りフラキウス側につきました。メランヒトンは一五四九年一〇月に公開書簡で応えます。彼はラテン語を用い民衆には宛てませんでした。フラキウスによる新たな論争文書にメランヒトンはもう応えませんでした。しかし、問題は未解決のままでした。

フラキウスは生来的に論争好きな人間でした。それは後年の展開にも現れています。一五五七年、彼はイエナで教授職に就きます。これはヴィッテンベルクに対するエルネスティン家の代替となる大学でした。しかし、そこから彼は一五六一年に追放されます。領邦が支配する教会権力を批判したからです。後には彼の信奉者たちとも仲たがいを起こします。人間は本質からして悪であり、原罪は堕落した人間本性の「実体」であると教え始めたからです。それから彼はルター主義者のあいだでも異端者と見なされます。彼が死んだとき、教会による埋葬は拒絶されました。しかし、今日ではフラキウスは歴史学の草分け的存在としても評価されています。ところで、彼は全くの護教的理由から有名なマグデブルガー・ツェントゥーリエンを書きましたが、これは古代末期以来初めての教会史叙述でした。この第一次資料から集成された作品への示唆については、彼はずっとその師メランヒトンのおかげを被っています。

アディアフォラ論争は長年続きました。これは一五五七年のヴォルムス宗教会談、一五五八年のフランクフルト対談、一五五九年のヴァイマール反駁本に影響を与えます。しかし、そうしたすべてと残る些末なことがらは大きな神学的かつ教会政治的な問題とも結合し、福音派とカトリック派を隔てたのでした。

公会議への道のり

もともと宗教改革者たちや福音派等族さらに皇帝もまた改革公会議を要請していましたが、教皇たち――レオ一〇世、ハドリアヌス六世――は拒否しました。一五二三―一五三四年のクレメンス七世もまた宗教改革の決断の年にことに当たりながら反対し、これによって彼はカトリック教会を大きく害したのです。始まったばかりの改革公会議は宗教改革をできるだけ阻止しようとしました。クレメンスはそれにしても教皇制による統治の要請を心配し、個人的にはその正規ではない結婚からの出自のゆえに不安を抱いていました。ついに教皇が承諾したとき、宗教改革は広く行き渡り宗教改革者たちの神学上の見解もまた変化していたので、福音派側は教皇主導の下での公会議をもはや望んではいませんでした。福音派の人々は「自由な」しかも「キリスト教的な」、つまり教皇に依存せず聖書のみに導かれた公会議を要求します。皇帝による圧力によってようやく一五三五年、パウロ三世によってマントゥアで公会議が召集されました。参加者がいないためこれは成立しませんでした。メランヒトンは福音派のなかで参加に賛成していた数少ない一人でした。

公会議召集に向けた新たな試みがパウロ三世によって一五四二年一一月一日にありました。ところが再びこれも遅れ、まる三年後にようやく一五四五年、トリエントで実際には開かれることになります。この場所はまだドイツに属していましたが、ローマにも比較的近いところにありました。コミュニケーション方法ならびに実際的な側面からしても、この場所には象徴的な意味合いがありました。皇帝と教皇は公会議で異なる目的を追求します。皇帝は教会と帝国とが一体となるのを確実にするために教会改革が達成されることを望みましたが、教皇は単にプロテスタントに対する有罪宣告を確認強化したいだけでした。

トリエント公会議はスペインとイタリアの司教によって執り行われました。ドイツは情けない振舞い方でした。司祭たちのあいだには司教主義的潮流と教皇派陣営とがあり、彼らは教皇の立場についての問題では一致していませんでした。神学的にはトマス主義者（ドミニコ派）とスコトゥス主義者（フランチェスコ派）が対立していました。

一五四五―一五四七年、パウロ三世の下での最初の会議期間には福音派は参加しませんでした。教義上の教令が議決されましたが、それは福音派の教えを断罪するものでした。これは今日に至るまで影響の大きなもので、教会分裂の本質的な要因になっています。一五四七年三月、教皇は公会議をボローニャに移しますが、それはドイツでの軍事的勝利の結果ますます強力になりつつある皇帝の影響を引き離すためでした。しかし、これはすぐに崩壊します。というのも、戦争の結果として公会議はもはや必要ではないかのように見えたからです。プロテスタントは打ち負かされ、もはや断罪される必要もなかったのです。それによって教会改革への呼びかけも始末がついてしまったのです。

一五五一―一五五二年の第二期の公会議は再びトリエントでユリウス三世の下に開かれました。これは軍事的な成果の後に皇帝の圧力によって召集されたものです。カール五世はなお変わらず教会の刷新を望んでいたのです。これはプロテスタントが強制されてそのなかに含み入れられた唯一の局面でした。それゆえ彼らは一五三〇年のときのように新しい信仰告白を記しました。メランヒトンは新しいザクセン選帝侯国のためにザクセン信仰告白を著し、ヨハネス・ブレンツはヴュルテンベルクのためにヴュルテンベルク信仰告白を著します。そこにはシュトラースブルクも参加していました。ところが、ブレンツが現にトリエントにいるあいだメランヒトンは、そこへ向かう途上で一五五二年初め、ニュルンベルクで新たに発生した戦闘のため立ち往生してしまい、領主による間近な指示を空しく待つことになってしまいました。三月八日、彼は帰還することになります。新たな戦争の結果、公会議は再び解散されました。というのも、プロテスタントは脅かしがなくなった後これにもはや利害はなく、皇帝は力を失ってしまったからです。短い会期のあいだにすでに一二一五年に教義化された全実体変化が確認され、改悛の秘跡に不可欠な一部として償いが承認されました。メランヒトンは一五五二年のトリエントで福音派の立場を主張するつもりでした。彼は、トリエントで彼にとって受け入れがたい公会議の決定が再び取り上げられるかどうか早期に分からない場合には、再び旅立つことを決心していました。

メランヒトンは教会の一致を望んでいましたが、いかなる代価や方法によってでもというわけではありませんでした。これは彼の教会理解とも関わっています。一五五一年のザクセン信仰告白では教会テーマが詳しく扱われていました。メランヒトンは宗教改革の中心的な教会論上の信条を繰り返し、ちょうど古典的な仕方でアウクスブルク信仰告白のなかで書き留めたように、いっそう明確に規定しました。メランヒトンにとって教会は明白なものであり不明確なものではありませんでした。福音が述べ伝えられサクラメント――洗礼と聖餐――が授けられるところに存在するものでした。こうした目に見える明白な教会は真に信仰する者たちに属していましたが、真の信仰をもたない人々もまた存在します。そこでメランヒトンはローマの立場とは一線を画します。彼らは階層的な身分構造に本質的な意味を帰属させました。また真のキリスト者だけをその教会のなかにもちたいと望んだ再洗礼派の人々とも、さらにシュレジエンの宗教改革者カスパール・フォン・シュヴェンクフェルトのような心霊主義者とも。彼らにとって教会は目に見えず、真の信仰者たちによる精神のなかに結び合わされた共同体として存在するのでした。教会一致のためにはメランヒトンの見方からすれば、すべての者たちがすべてのことがらにおいて合意することは必要ではありませんでした。さまざまなしきたりやさまざまな方法で礼拝を行うことは、まさにありえたのです。しかし、「死んだ人に懇願する」ような、聖人と思われるような、あるいは公会議は過ちを犯しえないというような、聖書に基づかず神にも反するような実践は、彼によって明確に拒絶されました。ザクセン信仰告白はカトリック教会にとって重要な伝統のあれこれとは明確に一線を画するものでした。

メランヒトンはゆえに今日のキリスト者とは違い、全キリスト教徒について異なった理解をしていました。彼は分裂した教会が平和的に共在するのではなく、まさに一致するために努力していました。彼にとっては唯一の真の教会、ただ一つの教えしか存在していませんでした。「和解の相違」は彼にとって聖書と矛盾しないしきたりの領域では考えられるものでしたが、神学上の教えや教会での実践に関する中心的な問題においては論外だったのです。

一五六二―一五六三年の第三期、ピウス四世の下で教会会議が開かれましたが、彼は先の教皇たちとは反対に公会議と教会の改革を実際に望んでいました。公会議はすでにイエズス会によって仕切られていました。これは新しく設立された、教育を推進し宗教改革と戦う修道士会です。カトリック教会にとってこれはもっとも重要で、もっとも実りの多い公会議期間となりました。数多くの刷新教令が議決され（フーベルト・イェーディンのいう）「カトリック宗教改革」が導入されました。修道院に対する司教の管轄権は強化され、司教が勤務地に居住する義務が要求され、教会巡察が指示され、ミサの改革が先に進められ、強化された司牧が命じられ、聖職者の養成専門教育が改善されました。

トリエント公会議の主な成果は、カトリック教会の強化でありプロテスタンティズムの拒否ならびに中心になるカトリック教義の整理、さらに教会の実践上の改革、とりわけ聖職者階級の改革でした。教皇制の改革は除外されていました。重要な個別の決定としてはウルガータを拘束力のある訳として認めたこと、聖書と伝統とを啓示の源として確定したこと、神人協力的な義認論を定義したこと、七つのサクラメントを制定したことがあげられます。贖宥は今後、お金のために出されるべきではないとされました。

教会改革はたとえ「全面的に」ではないにせよ、何百年にも渡って推進されてきたようにトリエント公会議に行き着きます。強化されたカトリック主義は対抗宗教改革に対して取り組む準備もでき、あらゆる手段を用いて、論争や教育や力といった手段を用いてでもプロテスタンティズムを撃退しようとしました。政治上の展開も対抗宗教改革が宗教和議を成立させるのには最初から限度を設けていました。

アウクスブルク宗教和議

シュマルカルデン戦争におけるプロテスタントの衰退とアウクスブルク仮信条によって、多くの人々には宗教改革の終わりが近づきつつあると思われました。ところが、事態は違いました。かつての裏切り者で「マイセンのユダ」たるザクセンのモーリッツがプロテスタントに有利になるような予期せぬ転向を引き起こしたのです。彼は、変わりやすい確信によるのではなく、外的な利益と関心による、正真正銘の日和見主義者でした。カール五世はヘッセンのフィリップを、その娘婿がモーリッツだったのですが、かつての約束に反して拘束し、そしてモーリッツには約束の領土とマグデブルクならびにハルバーシュタットに対する承諾済みの保護権を渡しませんでした。ゆえにモーリッツは皇帝に対する態度を変えたのです。

すでに福音派の反抗的なマグデブルクの包囲はアルベルティン家による偽装工作でした。それには特に皇帝の資金を使い果たさせ交渉のための時間を稼ぐという目的がありました。すでに一五五〇年、モーリッツはフランスと手を結び、一五五二年一月には皇帝の長年の敵と秘密同盟を結んでいました。こうして彼は皇帝を攻撃し、一五五二年五月にインスブルックで軍事的に打ちのめしたのです。皇帝は捕まらないようにあたふたとアルプスを逃走するのがやっとでした。バイエルンもオーストリアもこうした不利な状況のなかでは皇帝を支援しませんでした。というのも、カール五世は一五五一年に長期間皇帝の位をフェルデナントではなくその息子フィリップのために保持しようと独裁的に決めていたからです。これによってスペインとオーストリアのハプスブルグ家とのあいだに軋轢が生じます。これがいまやカールには不利に作用しました。彼は孤立してしまったのです。

すでに「諸侯との戦争」のなかで皇帝が敗北に向かいつつあるとき、戦闘が新たな局面を迎えるなかで、彼の代理人であるフェルディナントには戦争の交渉を行う準備ができていました。一五五二年六月、彼はパッサウで条約に合意します。それは半年以内に召集されるはずの次の帝国会議まで福音派に静観を保持するとの内容でした。宗教改革はこれによって救われます。モーリッツは一五五三年七月一一日、ジーフェルスハウゼンでブランデンブルクのアルブレヒト・アルツィビアデス辺境伯との戦闘によって死にました。

メランヒトンはこの劇的な時期をどう生きたのでしょうか？　教会および研究を維持することが仮信条時代ならびに諸侯による戦争のあいだでも、彼にとってもっとも重要な関心事でした。そのため彼は心から祈り、数多くの慰めの手紙を、内的には試練にさらされると同時に外的には圧迫されていた学生や友人たちに宛てて書きました。

一五五二年を彼はこれまで教会が守られてきたことに対する感謝の祈りとともに、新しい年においても神の導きと加護を願って始めています。この手紙が宛てられたヨハネス・マテシウスに彼は詩編の言葉「エルサレムの平和を求めよう！」（詩編一二二編六節）に従って「辛抱強く」教会のために祈るように諄々と説き聞かせています。しかし、一五五二年春の新たな戦争勃発にメランヒトンは深い驚きと大きな不安を感じ、帝国の衰退すら覚悟しました。彼は神の罰が和らげられることを祈り、教会の未来と自身の個人的な運命を神の手に委ねました。またプロテスタントにとって幸運な結末の後にもメランヒトンは諸侯による戦争を非としましたが、再び打ち立てられた平和を喜び、それを神に感謝したのでした。

一五五四年一二月、カール五世によってパッサウで取り決められた帝国議会が再びアウクスブルクで召集されることになりました。それは一五五五年二月五日、ついに開かれます。メランヒトンは出席しませんでした。皇帝もやってはこず、進行はフェルディナントに委ねられました。数か月間の成果のない話し合いの後、新しいアルベルティン家のザクセン選帝侯は主導権を握り、ついにこの帝国会議で宗教和議をもたらすことに到達しました。皇帝と王はもともと違うねらいを抱いていました。

一五五五年九月二五日、和議宣言に至ります。これは以下の決定を含んでいました。

一、今後は古い教会かあるいはアウクスブルク信仰告白かいずれかに属するがゆえに、帝国等族が戦争をしかけられることはない。これによって永続的な平和が保障されました。これで何十年に渡って再三再四新しく試みられてきたような信仰論争における和議がもたらされたわけではなく、これは単に現実世界における平和の秩序を作り出したものです。が、再洗礼派ならびにツヴィングリとカルヴァンの信奉者はそこから除外されました。一六四八年になってようやく、ミュンスターとオスナブリュックでの和議締結においてカルヴァン主義者にも宗教和議が拡張されました。

二、領邦君主が宗教改革法（ユウス・レフォルマンディ）を所有する。彼らはいまやそれぞれの信仰告白を選択する自由を得ました。これは宗教の自由に向けた進歩でした。同時に帝国の一体性への要求は断念されることになりました。領主権は帝国全体との関係においては強められました。

三、臣民は領主の信仰告白に従わなければならない。これには次の根本原則が適用されました。

ひとりの支配者のいるところ、ひとつの宗教（クイウス・レギオー、エイウス・レリギオー）。支配者が宗教を決定する。アウクスブルクは決して実際の宗教の自由をもたらしたのでも、すべての人々に宗教の自由をもたらしたのでもありません。それに対して領主権は臣民に対して強化されました。臣民には、たとえ領主の宗教が気に入らなくても移住することは許されませんでした。これは帝国における最初の一般基本法となりました。

四、聖職者諸侯には「教会を保護するために」霊的〔聖職者〕保留が適用される。プロテスタンティズムに宗旨替えした大司教の諸侯は、その聖職位および領土財産を失うはずでした。ケルンやオスナブリュックでのような出来事はこれによって抑えられ永続的に阻止されました。それらの比類なき政治力は一九世紀初めに至るまでドイツのカトリック大司教に保たれることになりました。

五、プロテスタント帝国等族のなかのカトリックの少数者に対してはプロテスタントから許容されるべきであり、そのまた逆もしかりである。これはまさに寛容への真の端緒でした。実際には、たとえばひとつの教会を共同で使用している場合（シムルターネウム）、二つの宗派の仕組みが摩擦を生じさせ、寛容よりも宗派のあいだで先に敵意が強められてしまいました。

こうした決定は永続的な規則と考えられたのではなく、神学上の論争論題において常になお求められている一致に至るまで、なお何度も繰り返されると考えられます。有力な政治家は、神学上の一致には到達しようと努力できるし、またすべきである、とさらに信じていました。よって、すでに一五五六年三月に向けてさらなる帝国議会が計画され、これは宗教問題を扱うはずでした。が、それは実現しませんでした。

それにしても皇帝カールは当時すでに内心では諦めていて、帝国議会中の一五五五年にはもう退位していました。利口者として彼は世界史の舞台から去ったのです。一五五八年、彼は遠く離れたスペインで死にました。その弟フェルディナントがもともと計画されていた通り後継者となりました。これは一五五八年に選帝侯たちから承認されましたが、「異端者」に腹を立てている教皇との平和についてはどうするか分かりませんでした。かつて親密であった神聖ローマ帝国間のドイツ国民は、いまや部分的に福音派となっており、宗教改革の結果として教皇制は永続的に乱されていました。

こうした講和についてのメランヒトンの記述は、ほんの少しあるだけです。何年にも渡る交渉と協定を経験してきた彼にとって、長続きしない状況のなかで、この会議が後に宗教改革史の実際に終わりになるやもしれないかどうか、予測不可能でした。とりわけ当時メランヒトンはプロテスタント内部でのもめごとに深く関わっていました。九月と一〇月彼は福音派内部の衝突を調整するためにニュルンベルクに滞在しています。

九月二九日、ライプツィヒの教授ウルリッヒ・モルダイゼンに宛てた手紙のなかに、わたしたちは先に生じた和議結論のわずかな日々に際しての祈りの言葉を見出します。メランヒトンはイザヤの言葉を引用しています（イザヤ書五一章一六節）。「わたしはあなたの口にわたしの言葉を入れ、わたしの手の陰であなたを覆う」。これに続けて彼は次のような考察を述べています。「神の教会が存在すること、たとえ小さな群れであっても、それは極めて確実です。彼らは福音の声を聞いています。しかも、彼らは神の正義によって外的なもめごとのなかでも守られています。これもまた確実です。わたしたちがこの三〇年間国々が慈悲深く守られてきたのを見るように。このなかで福音の教えの声は鳴り響き始め、神の裁きは和らげられたのです。神の息子による恩恵をわたしたちは知ろうとし、感謝をもって祈ろうとし、わたしたちに彼が勧められるのを望んでいます。わたしはアウクスブルク帝国議会が喜ばしい仕方で終わろうとしているのも神の慈悲だと思っています。わたしたちは神の息子に、彼がわたしたちを遠くからお導きになられることをも祈りたいと思います」。メランヒトンは出来事をこのように積極的に評価し、そのことを神に感謝していたのでした。

アウクスブルクでの規定は長く保たれ、ドイツにその歴史上それまでで最長の平和な時期をもたらしました。これは一五五二年から三〇年戦争が始まる一六一八年までの六六年間を数えます。そして、メランヒトンの一五三〇年の信仰告白、アウクスブルク信仰告白（コンフェシオー・アウグスターナ）は――一五四〇年版ですが――帝国の体制を定めたものとなりました。

再度、宗教会談

一五五七年、最後の宗教会談に至ります。アウクスブルク帝国議会は一五五五年に終わり、さらに宗教問題における内容的な一致に到達しようと努めました。いまや長い遅延の後に、これに取り掛かることになるはずでした。

メランヒトンは意に反してこの会談のためにヴォルムスに旅立ちます。八月二八日、彼はさらにヴィッテンベルクの神学者たちとそこで落ち合います。そのなかにポイケルとエーベルがいました。他の福音派の代表団もイエナからやってきました。そこは数か月前からフラキウスが活動していた場所です。彼は自身はヴォルムスへは行きませんでしたが、福音派の使節団に対して大部の請願書を送りました。これは次々と回覧されましたが、ついに公にはされませんでした。だれもが想像に難くない過激な内容を恐れたからです。

福音派の最初の内部での集まりは九月五日にありました。イエナの代表団の代弁をエアハルト・シュネップが務めました。彼は福音派陣営からも誤った教説に対して名指しで有罪宣告することを主張します。彼がアディアフォラのことをほのめかしたとき、メランヒトンは不快な反応を示しました。そこにいたすべての福音派の人々はなるほどツヴィングリ主義は有罪とされる点では一致していましたが、しかし、善行について異なる見方をするゲオルク・マヨールや、義認論について異なる見方をするアンドレアス・オジアンダーを有罪とし名指しするかどうかについては、なお議論の余地が残されていました。

九月一一日、代表団は古い信仰の者たちと最初の本会議に臨みます。このなかにはもっとも優れた神学者ペトルス・カニシウスが含まれていましたが、彼はドイツのイエズス会指導者でした。カトリック側は福音派に対してすべての誤った教説を明文化した有罪宣告を要求し、これは難しい状況を招きました。というのも、福音派はかつてそうだったように、もともとの福音派‐ルター派陣営の内側での教説の多様性について、どれを誤りとするかに関しても、もはや一致していなかったからです。メランヒトンは途方にくれ、福音派による大きな宗教会議が必要であり、古い信仰の者たちとの宗教会談よりもこのほうが意味があるとさえ思っていました。

一〇月初め、状況は行き詰ります。イエナからの代表団は福音派グループ内で彼らの利益を達成するチャンスがもはやないと見るや抗議して去ってしまったのです。メランヒトンは一〇月七日にもう一度全員での会談を催し、独身制および福音派の聖書原理をテーマとしました。最後の全員での会議は一〇月一二日でした。その後、使節団は目的を果たさずに解散します。古い信仰の者たちは勝利を収めました。ルター派は恥をさらしました。古い信仰の者たちの目には、教会のなかで一致した立場において合意に達するには、福音派によって宣伝された聖書原理では十分ではないことが、またもや明らかになりました。教会の伝統を取り入れることの必要性ならびに制度をもたらす教皇制のような一致の緊急性が、証明されたかのようでした。

使節団が散り散りになった後もメランヒトンはしばらくのあいだヴォルムスに止まり、ジュネーヴから来たヴィルヘルム・ファレルとテオドール・ベーザの訪問を受けました。さらにオランダへの旅の途中でトリエントから来ていた枢機卿クリストフ・マドルッツオとも会いました。

ヴォルムスでの宗教会談の失敗とそれによる福音派の恥は、プファルツ選帝侯ならびにヴュルテンベルク公をして神学者たちに統一された教義規範を仕上げるように促します。メランヒトンはそのためにすでに一五五七年一一月には一二月に協議される一致規定を作成していました。一五五八年二月、指導的な福音派の神学者および政治家がフランクフルト・アム・マインに集まり、後に「フランクフルト協定」といわれる一致書類を定式化します。注目すべきはメランヒトンによって起草されたテキストであり、これは無効として名前をあげたものをすべて放棄していました。アウクスブルク信仰告白および弁明をベースに義認論、善行、聖餐そしてアディアフォラに関する福音派の教説が、多くの人々に受け入れられるように穏健に記されていました。異なる考えの者が名前をあげられることはありませんでした。

しかし、互いに争い合っているルター派をひとつにしようとするこの試みも失敗します。イエナからの神学者たちを一致規定に傾かせることはできませんでした。一五五九年、彼らはヴィッテンベルクの神学者たちに対する反対案としてヴァイマール反駁本を出します。ようやく一五七七年、ドイツのルター派において和協信条による十分な教説の統一に到達します。

ところで、何度もフランクフルト・アム・マインに滞在してメランヒトンは同時代のユダヤ教について生き生きとした印象をもつようになりました。ブレッテン、プフォルツハイム、ハイデルベルク、テュービンゲン、そしてヴィッテンベルク――メランヒトンが生きた場所――

にはユダヤ人はいませんでした。フランクフルトには大きな、当時はまだ隔離されていなかったユダヤ人共同体があったのです。

ユダヤ人――仲間・兄弟それとも敵？

ユダヤ人に対するキリスト教徒の長く深い敵意はキリスト教の歴史の暗黒面に属します。人文主義と宗教改革の時代に、ここでもまた新しい発端に至ることになります。

メランヒトンの大伯父で後援者であるロイヒリンはヘブライ語とユダヤ神学に、とりわけカバラに関心を抱いていました。そこで公にもユダヤの書物を保持すること、特にタルムードの保持に尽力します。これはケルンのドミニコ会修道士たちによって押収および処分が進められてきました。

メランヒトンも同様にヘブライ語に興味をもっていましたし、一五一九―二〇年にはヴィッテンベルクでこれを教えてさえいます。というのも、大学はヘブライ語教師に初め恵まれていなかったからです。ルターの聖書翻訳にも彼はヘブライ語の知識をもたらしました。彼はカバラには関心はありません。しかし、ユダヤ教の聖書に続く伝統についての確かな知識が彼にはありました。一五五六年のロキにはメランヒトンによってヘブライ語で本に記された文字が見出されます。世界史では六千年のバビロニア・タルムードからラビのエリアフを引用しています。ともかくメランヒトンはそれを預言者エリヤの言葉だと信じていました。

ユダヤの書物に立ち入るなかで彼はすでに一五一四年にロイヒリンを補助しています。一五一八年、彼はロイヒリンを擁護する固有の書物を計画していました。しかし、それは実現しませんでした。一五一九年にユダヤの書物が焚書から守られたのはメランヒトンにとってロイヒリンの功績でした。一五五二年もう一度彼はロイヒリンの追悼演説で、こうした意味合いにおいて彼の味方をしています。

ルターに関する知らせはドイツのユダヤ人のなかで、もはやキリスト教徒たちから自分たちが敵意をもって扱われることはなくなるという期待を起こさせます。彼らは宗教改革を大きな希望と結び合わせていました。さまざまなユダヤ人がルターを頼り助けを求めています。一五一九年と一五二一年のあいだにユダヤ人はレーゲンスブルクからルターに手紙を書いています。彼らは追放に脅かされていたからなのですが、返事はありませんでした。一五二六年頃、三人の学識あるユダヤ人がヴィッテンベルクにルターを訪ねましたが、会談は対立して終わりました。一五三七年、ユダヤ人の指導者でラビであるロスハイムのヨゼルがエルザスからルターに手紙を書き、彼にザクセンへのユダヤ人の再入国許可のために尽力してほしいと頼みます。しかし、ルターは皮肉な手紙を返します。そして、無理な要求だときっぱり断りました。ロスハイムのヨゼルは、一五三九年にフランクフルト・アム・マインでメランヒトンと出会ったとき、ホスチア〔聖餐式のパン〕を侮辱したという誤った訴えに基づいて不法な仕方でブランデンブルクから追放された一五一〇人のユダヤ人の味方になってくれるよう、ブランデンブルクの選帝侯に接してメランヒトンが尽力してくれるようにし、これを達成します。ヨアヒム一世はユダヤ人の名誉を回復し再入国を許します。こうしたユダヤ擁護的な取り組みは一五二一年のロキにある初期メランヒトンの発言とも符合しています。ここで彼はユダヤ人と異邦人を愛することが、隣人および敵を愛することの帰結であると記しているのです。

メランヒトンは両極のあいだで揺れ動きます。彼は親ユダヤ人派ではありませんでしたが、反ユダヤ人派でもありませんでした。ユダヤ人は彼にとって仲間や兄弟ではありませんでしたが、敵として見ているわけでもありませんでした。明白にユダヤに友好的な振舞いは宗教改革の時代バーゼルの人文主義者セバスティアン・カステリョに見出されます。彼は異端者の火刑にも反対し、それはブラウンシュヴァイク・リューネブルクの宗教改革者ウルバヌス・レギウスやニュルンベルクのアンドレアス・オジアンダーも同様でした。ただ彼は聖クララ会修道女に対しては寛大ではありませんでした。それに対して特に反ユダヤ的なるものは後の再洗礼派バルタザール・フープマイヤーやヨハン・エック、そしてもちろんマルティン・ルターによって生じてきます。

一五四三年、ルターは「豚ユダヤ人」に対してペンを執り、二冊の厚い攻撃的な書を著します。このなかで彼はシナゴーグを燃やし、ユダヤ人に強制労働を義務づけるか、あるいは彼らを追放するように呼びかけました。これらの書物はユダヤ人の知るところとなり、激しい反応を引き起こします。一五四六年にルターが死んだとき、ヨゼルは彼が「魂も身体もともに」地獄のなかで苦しめばいいのに、と願ったのでした。そして、一五四六—四七年のシュマルカルデン戦争のあいだ宗教改革がもう終わりであるかのように見えたとき、ユダヤ人はヨゼルのように、皇帝の勝利とそれに伴う古い信仰の者たちの勝利を、幻滅したなかで祈っていたのでした。

メランヒトンにおいては伝統的な聖書に従ったユダヤ教に対する否定的な見方が見出されます。彼にとってユダヤ人は神によって退けられた者たちであり、その見方からすると聖書を理解することができない人々でした。彼はユダヤ人にイエスの死の責を帰し、神殿の破壊を神の罰だと解釈していました。割礼の儀式を彼は神を嘲弄するものと呼びました。全イスラエルの終末の時における救済や回心を彼は信じていません。しばしば彼はユダヤ人や洗礼を受けたユダヤ人についても軽蔑的な表現をしています。特にユダヤの血をひくヴィッテンベルクのヘブライ語教師についてですが、彼のことをメランヒトンはよく知っていました。ルターのユダヤ人に関する書物を彼は是認し、さらに広めます。

メランヒトンは教会を、福音派教会を、かつての真のイスラエルの後継者であり、それに続くものと見なしていました。それに対し同時代のユダヤ人を彼はカトリック主義、あるいはトルコ人や異邦人に近い者たちとしていました。

ユダヤ人とのさらなる個人的な出会いがメランヒトンには一五三〇年のアウクスブルク帝国議会の際にありました。プラハから来たラビ、イサーク・レビとイザヤ書五三章や律法やユダヤ人の安息日について話し合いました。が、会談は争いの内に終わります。

ユダヤ教が宗教改革者たちを挑発した唯一の非キリスト教的な宗教ではありませんでした。イスラムに対する問題も立ち現れることになります。

ウィーン市外のトルコ人

一一世紀、トルコ人、つまり東中央アジアのトルコ民族はイスラム世界で主導権を握り、アラブ民族のアッバース朝と交替しました。一三〇〇年頃、トルコのオスマン一世は彼にちなんで名づけられた帝国の礎石を据えます。オスマン帝国は拡張する強国に発展し、一四世紀初めから一六八三年に至るまでヨーロッパにとっては脅威となりました。二回目そして三回目〔これが最後〕に、ウィーンは包囲されます。

キリスト教の歴史にとって深刻な出来事は一四五三年にコンスタンティノープルが陥落したことでした。トルコ人はキリスト教の中心を侵略し、イスラム教を主要な宗教にします。ところが、キリスト教の少数者に対してはなおも寛大で、街が荒らされることはありませんでした。

一六世紀トルコのスレイマン二世は、一五二〇―一五六六年のあいだに三回の重要な勝利を成し遂げます。一五二一年、ベオグラードの攻略に成功し、一五二二年、ロードスのヨハネ騎士団の降伏を達成し、そして一五二六年、モハーチの戦いでハンガリーに対しても勝利を収めます。一五二九年、彼は初めてウィーンを包囲しますが、しかし、攻撃は中断されなければなりませんでした。

中近東と西洋の、トルコとドイツの、イスラム教徒とキリスト教徒の戦いにおいて兵士として従軍したトルコ人たちの多くは、ギリシャ正教徒でした。戦場では、キリスト教徒がキリスト教徒に対して戦うということがしばしば起こるようになったわけですが、それは双方にとっても、あまり知られていません。

ヨーロッパを防衛する上で中心的な役割は当然ハプスブルク家が果たすことになりました。というのも、ハプスブルクの中核となる場所がもっとも強力な攻撃にさらされていたわけですし、ハプスブルク家は同時に皇帝を擁立し、これは帝国を防衛しなければならなかったからです。

トルコ人の脅威は宗教改革の歴史にとって重要でした。皇帝、古い信仰の者たち、そして福音派は、すべてをともに脅かす危険に対して団結しなければなりませんでした。たとえば一五三二年のニュルンベルクの異議がこうした背景にはあります。よってトルコ人の脅威は宗教改革を有利にすることになったのです。

トルコ問題は多くの印刷物のテーマでした。古い信仰の者たちは十字軍を望んでいました。

つまり、教皇と皇帝はともにトルコ人に対して前進すべきである、と。しかし、福音派はあらゆる十字軍計画に反対で、神の名、キリスト教の名における戦争を望んでいませんでした。ルターはこれについて一五二九年、『トルコ人に対する戦争について』と『トルコ人に対する軍隊のための説教』を記します。トルコ人に対する軍事的防衛は彼にとって皇帝の仕事であり、教会の仕事ではありませんでした。防衛のための戦争を彼は正当防衛ならびにキリスト教的な愛の掟の考えから可能であり論拠があるものと見なします。彼自身は軍勢が悔い改めと祈りを通じて守られるようにと願っていました。ルターはこの対決を終末論的に、ダニエル書七章を背景に、まもなく訪れる世界の終わりの徴候だと解釈していました。

メランヒトンは一五二八年に巡察指導書で固有の章を設けてトルコ人について意見を述べています。このテーマを取り上げるきっかけは、たとえば再洗礼派グループの福音派説教者から与えられたもので、彼らは山上の説教を根拠にしてトルコ人に対するあらゆる抵抗を拒否していたのでした。メランヒトンはこうした立場を誤りであり、さらに扇動的であるとします。ルターと同様彼はローマの信徒への手紙一三章によって、当局は殺人者や盗賊を処罰し、正義に反する戦争を開始し、盗み、殺す者たちに対しては、戦争をもってでも行動に出る義務を担うという見解を主張しました。

トルコ人をメランヒトンは土地を無駄にし、女性を辱め、子どもを殺す者たちとして非難しています。彼らはラント法を、礼拝を、そしてあらゆる秩序を壊しました。彼らには何ら褒められるところはありません。力ある者は他人の財産、妻、子どもを自分勝手な意志に従って取り上げます。結婚も顧みられず、女は男のところに思うがままに引き入れられたり、追い出されたり、子どもを売ったりすることも褒められたものではありません。メランヒトンはハンガリー人が被った経験やそれについてハンガリーの学生が語った経験を参照するようにいいます。そして尋ねます。「そうした習俗、これはいったい人殺し以外の何ものでもないのではないか」と。男も女も老いも若きも家畜のように市場に追い立てられ、売られ、買われる。ここからメランヒトンは壮絶な帰結を引き出します。トルコ人との戦いにおいては死ぬほうが、こうした運命を子孫たちがともに目にするよりもまだましである、と。かくも敬虔な男が、もし子どもたちがトルコの習俗を受け入れなければならないくらいなら、むしろ子どもたちも死んでしまったほうがずっといい、と。よってトルコ人と戦うことは「神への正当な奉仕」となります。ただし、当局からの命令である場合だけで、勝手な戦いではありません。説教者の使命とは、「そうした狂ったような人々から」キリスト者を守るよう神に祈ることです。

一五四一年、トルコ人によってハンガリーの都市オーフェン（今日のブダペスト）が攻略された後メランヒトンはそのダニエル書釈義を改訂し、これをハンガリーのための慰めの書に改造しています。彼は同情する友人として執筆しています。

トルコ人は他の著作家からも特に残酷に描かれています。パンフレットの木版画は、騎兵が槍で子どもを串刺しにし、子どもが剣で半分にされ、幼児がポールに突き刺されているといった情景を表現していました。しかし、こうした尋常ならざるトルコ人の残酷さは、さまざまな福音派の作家が描くように、彼らの本性ではなく、神の深い憤りの帰結とされています。

基本的にトルコ人は福音派からは懲罰の鞭〔厳格な教育〕と解釈されています。トルコ人は神の指図において罪人を罰し、それによって悔い改めへと駆り立てるのです。ハプスブルク家の領土喪失は、福音を撲滅しようとしたことへの極めて具体的な罰として解釈されました。ゆえにトルコ人からの救いは最終的には罪からの転換、悔い改め、そして転向を通じてのみありうるのです。しかし、福音派によるトルコ関係の書物には、ムハンマドの教えがトルコ人による世界征服の願望によって成立している、という確信もありました。

メランヒトンとは異なりルターはトルコ人について肯定的にも表現することがありました。信仰の問題における一致として彼は復活の思想を強調しています。とりわけ彼はイスラム教聖職者の真剣で勇敢で力強い生活を賞賛しています。祈りがしばしば捧げられ、規律があり、祈りの際に静けさと美しく目に映る建物があること。彼らの外的な生活態度を見てルターはトルコ人に勇敢で強力で賞賛に値する本質を発見することができたのです。彼らはキリスト者のようにぶどう酒を飲まず、暴飲暴食をしません。「それほど軽快ではない」身なりをして、それほど豪華には建てず、目立つことなく、誓って逃げたりせず、「皇帝や主人に対して優れた服従と規律と栄誉」を保っています。トルコ人の外的な統治と国の秩序についてもルターは賞賛し、同様なものをドイツにも望んでいます。ときおりトルコ人は教皇よりも信仰の問題においては寛容であるとさえルターはいうことができました。

ルターはメランヒトンと同じようにイスラム教の結婚の考えには異議を唱えています。というのも、これは一人の男に対し四人の女性との結婚を許していて、特に愛人や奴隷との性的関係をも認めているからです。

一五二九年、ルターはトルコによる捕虜の境遇のなかで正しく振舞うことについて著しています。兵士としてトルコ人に捕えられ奴隷とされた場合、それを神から授けられたものとして受け入れ、トルコの主人に喜んで熱心に仕え、逃走すべきではない、と。これによって捕えられた者は福音のために尽くすことになり、それを見て、もしかするとトルコ人がキリスト者を肯定的に考えるようになり、「多くの者」が「おそらく」改心に至るかもしれない、と。

しかし、ルターはイスラム教徒が改心するのを本当は望んでいたわけではありません。というのも、彼にとってこれらはユダヤ人と同様に強情でしたから。キリスト教の信仰箇条について彼らは嘲笑うだけでしょう。イスラム教は力を用いることで成果を上げてきたのでした。ルターはこの宗教のなかにキリスト教の異端を見てとり、さらにムハンマドについては、これを彼は「悪魔の使徒」と呼び、アリウスの弟子を見出したのでした。アリウスは熱心にイエス・キリストが神と同等であることを否定していました。イスラム教徒は確かにイエスが神の子であることやその十字架上での死を否定していました。ルターは教皇制とイスラム教を並行したものとしても見ていました。というのも、彼はイスラム教のなかに行為義認の宗教を見出していたからです。こうした結び付きは彼の歌のなかに特徴的です。「あなたの言葉に主を保てで神にこう願っています。「教皇の税とトルコ人の死」と(ルター派賛美歌集一九三)。

コーランには一五四二年以降、そのラテン語訳がありました。メランヒトンとルターはそれを知っています。とりわけルターは一三〇〇年頃に著された『コーラン論駁』を知っていました。それはフィレンツェのドミニコ会修道士リカルド・ダ・モンテ・クローチェによるものです。このテキストをルターはドイツ語に翻訳し公刊しています。

チューリヒの神学者テオドール・ビブリアンダーは一五四二年、初めて学問的な要求に十分応えうるコーランの訳を作成し、これをバーゼルで印刷させようとします。バーゼルの印刷業者ヨハネス・オポーリンはそのつもりで、バーゼル当局の検閲をすり抜けようとします。当局はこれを知り――キリスト教信仰の断固たる番人として――印刷を中断させ、オポーリンを投獄させました。このことについてルターは当局に手紙を書き、印刷を解禁することに賛成します。コーランを公にすることでトルコ人をそれほどひどく傷つけることはありえないだろう。これには明らかな嘘や寓話や残虐行為が含まれていて、キリスト者にとっては危険ではない。ルターは成功を収めます。訳はバーゼルで印刷されました。特に印刷業者と印刷場所は示されず、取引そのものはバーゼルでしてはなりませんでした。

この本のためにメランヒトンは一五四二年五月に序文を書いています。そのなかで彼はトルコ人、イスラム教、ムハンマドそしてコーランについて記しています。彼は、ムハンマドが奇跡の証を通じて確かにされた聖書の教えを退け、根本的に有罪とされるべき何か新しいものを作り出していると説明します。イスラム教は異教徒と同じように神の言葉からは逸脱しているがゆえに、コーランは拒絶されるべきである。ムハンマドの教団は悪魔的な性格をもっている。それは戦争や結婚についての見方からも分かる。ムハンマドによって築かれた帝国は預言者ダニエルによって予言されていた。イスラム教の成果は神の怒りの印であり、これは悔い改めへと訓戒しているのだ。五月二九日、メランヒトンのテキストは使者を通じてヴィッテンベルクからバーゼルに直接届けられましたが、それは普通ではあまりない措置でした。コーランのとびらにはメランヒトンは名をあげられていないだけではなく、その序文でさえもルターによるものだと称されています。

一五五六年、メランヒトンはトルコ人との新たな戦闘的な対決を覚悟していました。星座はすでに一五五五年にひどい位置にあり、さらに一五五六年三月には彗星も目撃されます。メランヒトンにとって、こうしたことは行いと祈りについての神の訓戒であり警告でした。こうして神は介入し、恐ろしい禍を防ごうとされているのです。彼はキリスト教がヨーロッパで小アジアと同様に衰退してしまうのではないかという恐怖で一杯でした。そこではかつてのキリスト教の心情がなくなってしまったのです。慰めとして、彼には神がまた別の世界でも再び教会を作り出してくれるだろうという考えが残るだけでした。

メランヒトンは東に残る古いキリスト教徒と接触をもつように努力しました。一五五九年、彼はイスタンブールの超教派的な総主教ヨサフ二世にギリシャ語で手紙を書き、宗教改革に対する関心を引こうとしています。メランヒトンはギリシャ教父を明白に浮き彫りにすることで、宗教改革とギリシャ正教とのあいだの共通性を強調します。そして、マニ教徒と「ムハンマド教」にはラテン中世と同じように距離を置いています。ここで新たに次のことが明らかとなります。メランヒトンにとって真理のほうが一致よりも重要である。メランヒトンは大主教にアウクスブルク信仰告白のギリシャ語版も送っています。これは一五五九年にバーゼルのオポーリンのところで作られたものでした。どの程度メランヒトンがこの翻訳に関わったかは不明です。これはラテン語版から相当外れていました。一五八四年、ヴィッテンベルクでギリシャ語・ラテン語版が出版されます。使者として一五五九年、セルビア人の輔祭デメトリオスが働いていましたが、彼は半年間ヴィッテンベルクに留まり、メランヒトンの家で暮らしていました。大主教からの返事は知られていません。

天文学と占星術

すでにテュービンゲンで勉強していた頃からメランヒトンは天文学に興味をもっていました。そこにはまさに傑出した数学者で地理学者のヨハネス・シュテフラーが活躍していました。彼は人文主義者でもあり、彼は今日の天文学時計を生み出し、それはテュービンゲン市庁舎の外のファサードに取り付けられています。

学者に対する、さらに神学者にとっての大きな学問的挑発とは、一六世紀におけるコペルニクスによる新しい世界像の展開です。教会では中世全体を貫いて地球は宇宙の中心であり、太陽、月、そして星は地球の周りを回っていると教えられてきた一方で、コペルニクスは天文学に基づいた観察および数学による計算から、地球が太陽の周りを回っていると教えたのでした。メランヒトンは四〇年代半ば自然学（物理学）に打ち込み、一連の講義を著述しています。それはまず、彼の学生であり同僚となるパウル・エーバーが大学で読み上げ、一五四九年には印刷もされました。この関連でメランヒトンはコペルニクスと取り組み、太陽中心の世界像は退けられるべきであるとの確信を得ます。というのも、それは聖書と矛盾するからです。メランヒトンはこの文脈においてはコペルニクスを論駁するのではなく、サモスのアリスタルコスを攻撃しています。彼はすでに古代において太陽中心説（地動説）を唱えていました。

メランヒトンはコペルニクスを退けましたが、ヴィッテンベルクの他の人々は違った考えをもっていました。数学者ゲオルグ・ヨアヒム・レティクスはコペルニクスに賛同の意を表し、フラウエンベルクにこの偉大な天文学者と知り合いになるために旅立ちます。ルターはこれに対してメランヒトンの側に立ち一五三九年、卓上談話のなかで、太陽や月ではなく地球自体が動き、すべての天文学を逆立ちさせようとしているとして、革新者を論駁しています。一五四二年、レティクスはそうしているあいだにヴィッテンベルクに戻り、ニュルンベルクに向かいました。そこでコペルニクスの著作を印刷させるためです。メランヒトンは彼に——この問題にはさらに相違があるにもかかわらず——推薦の手紙を調えます。ニュルンベルクでレティクスはオジアンダーと接触し、彼は匿名の序文を印刷のために寄稿します。このなかで彼はコペルニクスの教説を仮説と表記しています。ゆえにオジアンダーは新しい世界像に対してルターとメランヒトンよりも開かれていました。

ところが、ヴィッテンベルクでもこの問題は議題となり続け、メランヒトンはさらにこれと取り組むことになります。一五四九年、自然学の教科書の序文のなかで彼は高い尊敬とともにコペルニクスの名に言及しますが、この関連でコペルニクスを直接に取り上げることはせずとも、太陽中心の世界像に対しては激しい論駁を加えます。彼の主張を新しがりと非難し、ただ自分の頭の力を見せびらかしたいだけの努力であり、「悪ふざけ」と語っています。地球中心の世界像は聖書によるものであり神から示された真理である。この認識に対して尊敬の念をもち、満足し感謝してこれを受け入れ、かつ守らなければならない。しかし、少し後にメランヒトンはオジアンダーと同様、新しい世界像を思考モデルとして受容するところまで到達します。

すでに一五五〇年、メランヒトンのこうした新しく最終的な立場が自然学教科書の序文に表明されていました。

メランヒトンは天文学のほか、占星術にも打ち込んでいました。これは彼にとって秘儀ではなく科学でした。占星術は惑星とこの世の現象に関する黄道一二宮の印の展開について知識を与えてくれます。占星術的な関心は中世の終わり、大きな発展をとげます。この原因としては、ヘルメス・トリスメギトスの古代文書の新発見や、プラトンならびに新プラトン主義の再発見がありました。

一五世紀終わり、学者は自然の占星術と神性の占星術とを区別していました。自然の占星術（自然的占星術）は、天気予報、天空での現象あるいは自然現象、年報や暦の編集に携わり、健康や病気に対する医学的指示を与えます。神性の占星術（予言的占星術）は、大きな星位の解釈に携わり、ホロスコープを作ります。ホロスコープは個人、民族、国家や世界の運命を、惑星の位置と黄道一二宮の印から解明します。

中世の教会では占星術の二つの形態が認められていましたが、ホロスコープに対しては反対していました。このなかに人は神による運命の定めに人間が介入しようとする試みを見出したのです。ルターは――この点でも極めて中世的ですが――占星術に対して距離を置いていました。そして、占星術に関心を抱く周りに対して、メランヒトンにも批判を行います。一五三七年、卓上談話で彼は、こう述べています。「フィリップ・メランヒトンはたいそう占星術にのめり込んで笑い物にされているのがわたしには辛い。というのも、彼は天の印からたやすく影響を受けるので、そうした考えが笑われてしまうのだ。彼はしばしばしくじるのだが、説得することができない。わたしがかつてトルガウから戻ってきたとき、彼はかなりの病気で、死ぬのが自分の運命だといった。わたしは彼がそれほど真剣であるとは信じたくなかった」。この原文はドイツ語とラテン語が入り乱れているのですが、話の編集者であるエルンスト・クロカーは、脚注のなかでメランヒトンの「迷信」を咎めざるをえませんでした。

ところが、メランヒトンは占星術をキリスト教的な学問だと見なし評価しています。星は神の創造に属しているからです。彼は盲目的に支配される運命を決して信じてはいませんでした。彼は星座の働きが神の意志のなかで秩序づけられると見ていました。星座は彼にとって独自の力をもつわけではありません。人間の運命は星座の位置に左右されるわけでもありません。が、彼は星から人間が反応したり、場合によっては守られたりしうるような影響が出ていると見ていました。さらに彼はこのなかに人間の罪に対する来るべき神の罰の印と警告を信じていましたし、歴史的な出来事の意味が根底にはあると思っていたのです。一五四三年、彼は親しい人物に宛てた手紙のなかで、ルターとツヴィングリとの聖餐をめぐる論争の背後には最終的に火星と土星とのあいだの禍に満ちた繋がりがある、と述べています。

自身の教科書のなかでメランヒトンは自然の占星術を育み、これを学校やギムナジウム、そして大学で天文学の枠内で扱い知ってもらうよう望んでいますが、神性の占星術は除外しています。毎日の行いにおいてはかなりホロスコープにのめり込み、自身の人生をもホロスコープを見ながら過ごしていたにもかかわらずです。彼の父は彼のために著名なハイデルベルクの占星術師のところでホロスコープを仕立てていました。この人物はメランヒトンがバルト海で海難事故に遭うであろうと予言していました。メランヒトンはこのホロスコープを知り、それを真面目に受け取ります。そこで彼は一生涯ずっとイギリスあるいはデンマークに旅するのを避けました。宗教改革上の課題が彼をそこへ強いていたにもかかわらずです。死に至るまで彼は水のなかで命を失うのを恐れていたのです。

家族や生徒のためにも同様にメランヒトンはホロスコープを作成します。そして、ホロスコープは多くの実際の決断に際して活躍し影響を及ぼしました。たとえば、ヴィッテンベルク大学の業務との関連においても一定の役割を果たしました。

さらにメランヒトンは星の意味からルターの生年月日の解明をしようとしています。メランヒトンはルターの母と兄弟にこれを質問していますが、結局はっきりとしていませんでした。メランヒトンは占星術による計算から一四八四年一〇月二二日を正確な日付だと一時的に見なしています。一般には一四八三年一一月一〇日という主張が認められています。日付そのものは、ルターが誕生後洗礼を受けるに際してトゥールのマルティヌスというその日の聖人の名をとったことからも確かでした。しかしながら、年については今日に至るまで論争が続けられています。依然として一四八三年とする重要な根拠があるのですが、しかし、一四八二年とする議論もまたあるのです。ルター自身は自分の誕生年や歳についての問いを展開することはありませんでした。

通常の星からは彗星、ほうき星が区別されたので、特別な関心が掻き立てられました。というのも、これらは見かけでは自発的に現れて、法則には従っていないように見えるからです。そこで人々はこれを禍を告げる神の特別の使者と見なしたのです。一五二六、一五五六、そして一五五八と一五七七年に彗星が現れ、説教のなかでこれらは神の鞭および剣であると解釈されました。これは悔い改めに至らない人間たちに対して脅迫的に向けられたものである、と。彗星はまた前兆であり、自然現象や驚くべき奇形など、メランヒトンにとっては人間の罪に対して来るべき神の罰の印でもあり警告でもありました。

星とならんでメランヒトンにとっては生涯を通じて夢もまた人生を解釈し形成するのに大きな役割を果たします。彼は好んで自身の奇異な夢を占っています。一五六〇年四月一三日、メランヒトンは夢のなかでルカによる福音書二二章一五節からキリストのよく知られた言葉がこう歌われるのを見ます。「苦しみを受ける前に、あなたがたと共にこの過越の食事をしたいと、わたしは切に願っていた」。彼は大きな音を聞き、力強く歌い、それで起きたのでした。夢は彼にとって死が近いことへの示唆でした。その六日後に最後の時がやってきます。

最期の日々と死

一五五〇年代、諸侯たちの戦争が終わった後、メランヒトンにとって他のすべてに勝るような個別のテーマはもはやありませんでした。彼は教会、神学、倫理に関する問題について数多くの所見を記し、求められれば勧告も与えました。福音派神学者たちの下での諍いは彼に強い負荷を与えました。特に聖餐論争はそうでしたし、身内からの敵意にも苦しみました。

メランヒトンはヴィッテンベルクにいたとき、老齢になっても毎日、教育活動を続けていました。一五五七年には、たとえば月曜日から土曜日まで、論理学、倫理学（キケローについて）、歴史、新約聖書（コロサイの信徒への手紙を手がかりに）、そして教義学（ニケーア信仰告白を手がかりに）を教えています。日曜日の午前中には外国から来た学生のために、共同での礼拝の前に自宅でラテン語での聖書研究をしていました。このなかで彼はその日々の福音を解釈しています。メランヒトンは早寝早起きでした。睡眠を邪魔されないために、夜にはもう手紙は開かないという原則が習慣となっていました。

老齢のメランヒトンによる祈りの思想は――すでに一五五七年に亡くなった妻のように――「老いの日にも見放さず、わたしに力が尽きても捨て去らないでください」（詩編七一編九節）という詩編の言葉に関わっています。一五五九年そして一五六〇年の初め多くの彼の手紙には死についての考えが見受けられます。再び、ついに仮信条の時代のように、彼は追放や逃亡について考え、隠遁して清らかな国で祈りと自分の研究にすべてを注ぐのを夢見たりしていました。ベツレヘムの洞窟で敬愛する教父ヒエロニムスの範に倣って。

一五六〇年四月一九日、メランヒトンはその六三年の人生を終えます。彼は自分の死を強く覚悟していました。というのも、古代ギリシャでは六三という歳は「段階の年」と見なされ「老人」と呼ばれていたことを知っていたからです。六三という数は七と九という数字の掛け算で結び付き、この結合は特に危険だと思われていました。六三という年齢は古代の理解からすると身体における大きな変化と結び付いていました。メランヒトンはこの見方をともにし、多くの重要な人物がこの歳に亡くなっていることを思い出しています。そのなかにはルターもいました。

ヴィッテンベルクのある教授がメランヒトンの最後の日々について報告しています。当時の死は現代とは全く異なり公の出来事でした。証言はこの重要人物の最期の時を、人が死に際してどのように振舞うべきか他の人に示す事例とするために、詳細に渡って記録しています。こうしたやり方で、興味深くも初めはあまり探究されてはこなかったプロテスタント的な死の技法に関する文学が成立します。

その死の数日前、メランヒトンは若干の祈りの詩を書いています。それは力強い表現でキリストを讃えた詩で、特にそれまでのメランヒトンには見出せないものでした。彼はそのテキストを、未完成なままですが、若干名の入門学生のための最後の講義のために下書きしたのです。これはおそらく一五六〇年四月八日の朝に祈られました。

永劫の源の息子、イエス・キリスト

尊い父の心よりあなたはもたらされました
愛すべき魅力ある喜ばしき知らせを贈る者として。
わたしたち信じる者にあなたは力強く
義しい者にはいのちに終わりがないことを示されます。
あなたの血によってあなたはわたしたちを罪から解き放たれました
あなたはわたしたちの願いを聞き入れ、わたしたちを義しい者にし、そう扱ってくださいます。
すべての義しい者たちにあなたははっきりと父を示してくださいます。
わたしたちの心を導いてくださいますように、キリストよ、いつも！
わたしたちの胸に恩恵の約束を注いでくださいますように
さらに聖霊と、純粋な捧げものをも、
真の呼びかけによって目覚まし、いきいきと捧げられますように！
いつのときもあなたの群れの一部とさせてくださいますように
喜びの心とともに常に歌えるように
あなたの永遠なる父への讃歌とまたあなたの

あなたの……

メランヒトンは遺言も記していますが、それはその時代のスタイルに応じたもので信仰告白と感謝の祈りを含んでいます。しかし、四月一八日に完成しようとしたとき、テキストはもはや見つかりませんでした。その後で新しく書かれたテキストにおいて彼は若干の実際的なことがらを整理したり、確かに一五五八年に書かれた『バイエルンに設立された宗教裁判所の問題一覧に対する反応』は、一五五九年の第二版の際に付加された『福音派陣営における三位一体論と幼児洗礼の批判との対決』とともに、彼の個人的な信仰告白を規則化することで満足しています。臨終の床においての私的な信仰告白の定式化は広く行き渡り、しばしば証されたしきたりです。

イースターの日曜日、四月一四日、死の病にあったメランヒトンは最後の三通の手紙を書きます。これらは短い祈りを含んでいました。彼の「特別クラスの学生」であったグライスヴァルトのヤコブ・ルンゲ、ポンメルン - ヴォルガスト侯国の総括教区監督に宛てた手紙のなかで、彼はイエス・キリスト、「その教会の守り主」に、敬虔かつ教会が必要とする教師や諸侯が得られ、求められる変化のなかで教会が守られることを願っています。彼の見方からすると教会の惨めな状況は彼に重い負担ではありましたが、しかし、後続の世代に対して福音の教えが詳しく明らかにされてきたことに慰められていましたし、教会のために彼は情熱的に祈っていました。

メランヒトンには死ぬ用意ができていました。すでに何度も早くから彼は死についての考えを短く語っていたように、彼にとってはもう一度宗教会談に参加するくらいなら死んだほうがましでした。自分自身のためには「喜ばしき退場」、神の加護、そして速やかなる終わりを願っています。そのとき彼はエラスムスの祈りを思い出しています。彼が死ぬ時に語ったもので、彼はこれを模範としていたのです。もし、もう少し長く生きられるなら、彼にはひとつの望みがありました。それは、さらに他者にとって有益であり、キリストの教会と若者の教育に仕えることができれば、というものです。

彼の最期の日々に訪ねてきてくれた同僚と友人たちのために、メランヒトンは神の加護と教会に仕える人生を願い、彼らを祝福しています。彼の孫でカスパー・ポイケルの娘アンナ(一五五一年生まれ)にもメランヒトンから神の祝福の祈りが贈られています。他の小さな子どもたちには「敬虔であり、熱心に祈り、そのようでありなさい」と語っています。

四月一一日、メランヒトンによる日曜日と祝祭日のいつもの朝の聖書解説の際、彼はヨハネによる福音書一七章を取り上げ、その「子どもと赤ん坊」が教会と祈りとに堅く結び付いていること、一致和合と永遠の命とを願いました。

四月一二日と一三日には復活祭のためのスピーチを記しました。それは古い伝統によって代理の学長、ゲオルク・マヨールの名の下に公に掲示されました。年老いた宗教改革者は――彼の計算によれば――三〇六九年前のエジプトからの脱出を思い、これまでの神の民に対する加護のことを考えています。掲示されたものの中心には長めの祈りがありました。父なる神とイエス・キリストに対して真の教会に所属できたこと、そして救済の業への感謝の祈りです。

聖書の言葉はメランヒトンの人生の最期において重要な役割を果たしています。寝ているとき、彼には次の言葉が目に入ります。「もし神がわたしたちの味方であるならば、だれがわたしたちに敵対できますか」(ローマの信徒への手紙八章三一節)。これは彼のもっとも愛した聖句であり、彼は生涯これにしっかりとしがみ付いていました。さらに彼はコリントの信徒への手紙一の一章三〇節以下、そしてマタイによる福音書の一五章二二節を引用しています。彼のもとを訪れた牧師たちからは詩編ならびにイザヤ書五三章、ローマの信徒への手紙五章、八章、さらにヨハネによる福音書が語られました。すべて聖書からのもので、ここからそれらが宗教改革者にとって大きな意味をもっていたことが分かります。

その最期の日々においてメランヒトンは習慣に従い日々の祈りを捧げています。それはそこに居合わせた人々によって書き留められ、死の知らせのなかで伝えられています。いつくかの箇所で、この特に長い祈りの文章は死ぬことと死に関連づけられています。

死の日はメランヒトンにとって全く特別な「試練の日」（ディエス・トリブタチオーネス）であり、神はその日、彼に呼びかけるのを約束していたのでした（詩編五〇編一五節）。ここでメランヒトンは苦しんできた他の苦悩のとき以上に、なおも祈りを唱えなければなりませんでした。死のとき、人間は「孤独かつ惨めに」（ウニクス・エト・パウペル）神の前に立ちます。力、強さ、そして自己信頼は消滅します。最後には神に恩恵と憐れみと赦しを冀《こいねが》うことしかできません。しかし、眼差しはすでに死の境を越えていきます。祈る者は「主を仰ぎ望んで喜びを得」（詩編二七編四節）、「完全なる永遠」のなかに「神の宮」があり、留まり続けることができるのを喜びます。彼岸の存在にあっては、喜びの感謝と賛美とで、すべての天の教会とともに完全に満たされています。ゆえに彼岸での存在はメランヒトンにとって祈る存在なのですが、しかし、あらゆる苦悩が克服された後にはもはや冀う存在ではなく、ただ賛美し感謝するだけの存在なのでした。

最期の時についていくつかのことが伝えられていますが、それはその場に居合わせた者たちが見たもので、どのようにメランヒトンの唇が動いたかというのもあります。その言葉を人はもう聞くことも理解することもできませんでしたが、無言の祈りのつぶやきだと解されます。こうして一五六〇年四月一九日、彼の最期の時となります。夕方六時から七時のあいだ、と証言者からの報告です。「こうして彼はきれいに、静かに、穏やかに、その主である愛するキリストに祈りながら死んでいった。キリストを彼は常に心でも口でもほめ讃えていた」。

死後、メランヒトンはその書斎の棺台に横にされます。そして、ほとんどすべてのヴィッテンベルク市民や学生が彼に最後の敬意を表しました。

彼の墓はヴィッテンベルク城教会、聖堂内陣の左にあり、右側にはルターの墓があります。青銅のプレートには元はラテン語ですが、次のような文字が記されています。「この場所に聖なる人物フィリップ・メランヒトンのからだが埋葬されている。彼はキリスト年一五六〇年四月一九日に亡くなった。六三歳と二か月二日生きた後に」。一八九二年に墓は、城教会の枠組みの改修に際して調査されました。そして、砂岩となった骨の上に墓碑銘が取り付けられたのです。

メランヒトンの死後数週間、ドイツの多くの場所で追悼式典が執り行われました。たとえばテュービンゲンでは一五六〇年五月一五日です。そこではヴィッテンベルクで五年間メランヒトンの学生であった神学教授ヤコブ・ヘアブラントが追悼の辞を読み、「統率者」ならびに「大学と教会の最高の指導者」の喪失を嘆きました。

メランヒトンの最期のメモは、なぜ人は死を恐れる必要がないのか、その理由を記した紙片です。「なんじは罪から逃れる。なんじはあらゆる苦労、神学者の憤怒から自由となる。なんじは光のなかに来たり、神を見、そして神の子にまみえる。汝は、この世の人生では理解することのできなかった、かの驚くべき神秘を学ぶ。なぜわたしたちはこのように作られたのか、いかにしてこのようにあるのか、そしてどこで二つの本性がキリストのなかでひとつとなって存在するのか」。こうして円で締め括られています。神性の神秘についてメランヒトンは一五二一年に、それを解明するのではなく賛美したい、と語っていました。いまや彼は神自身がその神秘を明らかにしてくれるという期待で満たされていたのです。彼岸をメランヒトンは大学であるかのように、天のアカデミーと思っていたのです。

メランヒトンの影響

メランヒトンの影響は軽視されるべきではありません。それはヨーロッパ的かつ宗派を超えた次元で、今日にまで及んでいます。

メランヒトンは当時の自然科学に対して一貫した深い関心を抱き続けていました。確かに彼は数学、天文学、そして地理学の領域で自身の研究業績を残したわけではありませんが、しかし、彼は比較的大きな地理学の蔵書をもっていましたし、地図を収集してもいました。数学的な地理学にも打ち込んでいましたし、歴史的・地誌学的地理学をなおざりにすることもありませんでした。

彼の教科書は形而上学を除く当時の学問のすべての領域を包括し、一九世紀に至るまで、部分的にはカトリック圏の教育機関でも用いられました。もっとも、そこで人は著者の名を明らかにしないだけではなく、ヴィッテンベルクのルター信奉者であることを示す表紙は取り除かれました。

医学の発展に対してメランヒトンは大きな意義を果たしました。彼は医学的な内容を含む一九の講演・執筆をしました。一六世紀ドイツではスコラ学的な医学から人文主義的なルネサンス医学に変わります。この過程で特に重要なのはアンドレアス・ヴェサリウスの受容です。彼は一五四三年ある教科書のなかでガレノスの解剖学に対する批判を行います。一五五〇年頃からヴィッテンベルクでは解剖学はもっぱらヴェサリウスに従って教えられました。メランヒトンの学生のなかで、たとえばパウル・エーバーは解剖学に関心があり、早い段階からヴェサリウスを特に高く評価していました。

いくつかの分野においては、メランヒトンはなおも相変わらず伝統的でした。自然学において彼はアリストテレスに従い、世界像の問題においてはプトレマイオスに従っています。彼は自然科学を自然哲学として理解し、聖書の言葉を自然哲学的な表現として解釈することができました。自然科学が信仰と一致可能であることが彼にとっての重要な関心事でした。自然の探究を彼は神への探求のなかに組み込みます。数学は彼にとって神認識のための方法であり、神的な自律性や秩序の開示でもありました。ゆえに神学的な倫理学の基礎づけに際しても重要な役割を果たすことができたのです。

メランヒトンはドイツの多くの大学に構造的かつ内容的に影響を与えました。哲学部における一般教養的基礎学習に始まる段階的な学習を維持するために彼は責任を負いましたし、それは同時に論理学や倫理学におけるアリストテレスの、なおも長く続くさらなる高い評価に対しても同様でした。一九世紀になってようやくこれは終わりますが、その際、今日の等級分けは予想しないルネサンスを経験することになります。

メランヒトンが広範に、言語、数学、そして歴史を包括する一般教育を各自がより高次の研究に進む上での基礎として高く評価したことにも、大きな意義がありました。二〇世紀の後半に至るまでラテン語の修得はそのより高次の教養に属していました。神学者にとっては今日に至るまでメランヒトンが望み実践したように、ラテン語のみならず、ヘブライ語とギリシャ語も必要不可欠な教養の基礎なのです。

メランヒトンは近代の自然科学を授業科目として構築しうることに対して決定的な貢献をしました。地理学が学校科目となったのは彼のおかげでした。彼は人文主義の学問として医学を守ることに対してさらに甚大な影響を及ぼしましたし、公衆衛生制度の発展、プロテスタントの大学規約のなかに人文主義医学を制度的に固定することについてもそうでした。

講義や討論、今日のゼミナールの先駆けの傍らで、メランヒトンはアカデミックな講演を重視し、自らも同僚や学生たちのために多くの講演を行い執筆しました。今日に至るまで大学での講演を尊重する習慣は保たれています。

メランヒトンのロキは後の数多くの教義学にとってタイトル、スタイル、そして内容において手本として役立ちました。一八世紀に至るまで、部分的には一九世紀においてですらロキは神学の学習に用いられていたのです。

ドイツの改革派は後々までメランヒトンからの影響を被りました。このために一五六二―六三年に作られたハイデルベルク教理問答には、メランヒトンの生徒であるザカリアス・ウルジヌスが責任者となり、カルヴァンのテキストとならんでメランヒトンのものが用いられています。

アイスランドではメランヒトンはもっとも影響力に満ちた宗教改革者でしたし、デンマークとノルウェーでは牧師は彼のロキに従って教育されましたし、イギリスでは彼の二〇以上の著作が民衆語に翻訳されました。とりわけ彼はベーメンにも大きな影響を及ぼしました。フランスでは彼はルターよりも有名でした。ロキはイタリアで読まれ評価されましたが、そこには人文主義のサークルがありました。ポルトガルのエボラのイエズス会系大学では彼の教科書が学芸教授用に用いられていたことが分かります。

一六世紀終わり以来用いられている称号プラエケプトール・ゲルマニアエ（ドイツの教師）

もまたメランヒトンにふさわしいだけではなく、彼は新しい時代においてもまさに正当にスカンディナヴィアの教師、イギリスの教師、さらにヨーロッパの教師とさえ呼ばれているのです。

メランヒトンのさらなる影響線は一九世紀プロテスタントの教会同盟、一九七三年ロイエンベルク和協ならびに一九九九年ルター派とカトリック派との義認に関する一致へと伸びています。そして、現代においては福音派の領域で聖人――キリスト教信仰ならびに歴史における人生の模範――に対して新しい関心そのものが高まりつつあり、それはメランヒトンと結び付けられています。

もっとも、宗教改革者が今日の展開に激しく異議を唱えたと思われることもあります。それには福音派のキリスト者のなかでますます教養や言語的なものが軽視され、神学的な教養も軽んじられることが含まれます。同時に、真理問題を立てることを放棄し、神学的な義務感に欠けていることなど。

二〇一〇年のメランヒトン記念ならびに二〇〇八―二〇一七年のルター年間は、メランヒトンに耳を傾け、彼が今日その教会に対して何をいいうるのかを尋ねる機会を与えてくれています。おそらくこのなかから内的な更新の過程が生じ、それは二〇三〇年のアウクスブルク信仰告白五〇〇周年、あるいはさらに後、二〇六〇年のメランヒトン没後五〇〇年まで続くでしょう。そのときにはプロテスタンティズム、そしておそらくはキリスト教界全体も新しい形となっていることでしょう。

メランヒトン記念とメランヒトン研究

メランヒトンを敬う最古の印はすでにこの学者が生きていたときからあり、それは今日でもヴィッテンベルクの街教会にある良好な状態で保存されている宗教改革者祭壇に見られます。これはルーカス・クラナッハ（父）が一五三九年以前から着手し、一五四七年にその息子ルーカス・クラナッハ（子）が完成したものです。彼は左側翼に、メランヒトンが子どもに洗礼を施し、そして万人祭司の教えを示しているように描いています。というのも、メランヒトンは司祭でも牧師でもありませんでしたから。ともかく、メランヒトンがそのように洗礼を施したという証言はありません。さまざまな祭壇画にある数多くの女性たちのなかに、カタリーナ・ルターやカタリーナ・メランヒトンも描かれている可能性があります。が、今日に至るまでまだ特定には成功していません。

メランヒトン自身によって保管されていた数多くの肖像画があります。これらはただ小さいだけではなく、いつもやせ衰えていて、いくぶんぼんやりした印象を与える学者の姿を示しています。メランヒトンは常に誠実であり続けました。彼はルターのような数多くの変革に比較しうる変化を経験したわけではありません。それは絵も証しています。ルターの肖像画とは異なり、メランヒトンの絵は宗教改革のプロパガンダには用いられませんでした。

宗教改革後の時代、メランヒトンは高く評価されましたが、崇敬されたわけではありません。ちょうど中世における聖人崇拝と同じようなオーバーな崇敬がルターにはされました。すでに一六世紀の終わりに人は彼のヴィッテンベルクの家を詣でています。そこでは卓上談話が行われた居間が展示されています。ヴァルトブルク詣でも行われていました。そこに人々はルターの部屋の壁にあるインクのしみを見に訪れたのでした。それは彼が悪魔と戦ったことを示すものといわれています。メランヒトンが活躍した場所が訪問されるということはありませんでした。

ヴィッテンベルクでは一六〇二年以降、彼のロキに基づいてもはや講義がなされなくなってからというもの、メランヒトンの影は完全に薄くなります。ヴィッテンベルク大学は強力なルター主義者のさらなる牙城となったのです。そこの神学者たちはメランヒトンとその神学を批判的に見ていました。メランヒトンの絵は、おそらく学部の決定によって、大ホールからかつてのアウグスティヌス修道院に移されてしまいます。それに対してルターの絵はそのままにしてありました。一五六〇年四月に解放されたと思い込んだ「神学者たちの憤怒」に、メランヒトンはもう一度遭遇したわけです。

近代のメランヒトン研究の草分けは一八世紀ニュルンベルクの牧師ゲオルク・テオドール・シュトローベルです。彼は、一五六六年にヨアヒム・カメラリウスによって記された最初のメランヒトンの伝記を、一七七七年に新しく編集出版しました。

メランヒトンに対する関心は一九世紀になるとより大きなものとなり、崇拝へのきざしも見えてきます。こうした発展は一般に一九世紀に認められつつある歴史への関心と関係がありますが、とりわけドイツでは連合プロテスタント教会の成立と関連しています。それは一八一七年にプロイセンが始まるとともに、ルター派と改革派のキリスト者が合併したものでした。メランヒトンは一体思想の権化であり、すでに宗教改革時代からそうでした。彼によって作成された信仰告白、アウクスブルク信仰告白は連合に対して堅固な基礎を提供しました。結果としてメランヒトンのための最初の記念碑が樹立されました。

さらに伝記が、ほとんどインフレ状態で続きます。フリードリヒ・ガレのものが一八四〇年に、カール・マテスのものが一八四一年に、カール・シュミットのものが一八六一年に、そしてゲオルグ・エリンガーのものが一九〇二年に。一九五八年にはクライド・レオナルド・マンシュレックが英語で伝記を、ネロ・カセルタが一九六〇年にはイタリア語で伝記を発表します。一九九七年にはほとんど一〇〇年ぶりにようやく再びドイツ語でのメランヒトンの伝記がハインツ・シャイブレによって著されました。これまでメランヒトン神学の唯一の全体記述としてはゴットフリート・アルベルト・ヘルリンガー（一八四一―一九〇一）のものがありますが、もう一三〇年も経ってしまいました。

ゴータの教区総監督であったカール・ゴットリープ・ブレットシュナイダーの指示によりメランヒトンの著作が新たに出版されました。ブレットシュナイダーは神学的には穏健な合理主義者で聖書批判も行います。これによって彼は初めて、ヨハネによる福音書ならびにヨハネの手紙が、イエスのお気に入りであった若者によるものではないことを明らかにしました。ブレットシュナイダーは『コルプス・レフォルマトールム』、つまり宗教改革者の著作を包括的に集めた著作集を提案し、メランヒトンその人を手掛けます。一八三四年に第一巻が出されました。一八四八年にブレットシュナイダーは亡くなります。彼が死んだ年に第一五巻が出ました。ハレの図書館司書であったハインリッヒ・エルンスト・ビントザイルが引き続き一六巻から二八巻を手掛けました。

ヴィッテンベルク市庁舎前には一八六五年に立像が建てられました。芸術家フリードリヒ・ドラケ（一八〇五―一八八二）によるものです。ルターの立像はすでに一八二一年からありました。一九三〇年、今日では「マルティン・ルター大学 ハレ‐ヴィッテンベルク」との名をもつハレ大学は、ゲルハルト・マルクス（一八八九―一九八一）によるメランヒトンの胸像を得ました。

ベルリンの教会史家ニコラウス・ミュラー（一八五七―一九一二）は当時のもっとも優れたメランヒトン専門家でしたが、一八九七年、ブレッテンにメランヒトンハウスを創立します。そこは南ドイツが戦争による攻撃でフランス人によって破壊されてしまったのですが、一六八九年までメランヒトンの誕生した家があった場所でした。彼はメランヒトンに関係するものをすべて集めます。書物、絵画、そして硬貨。今日では歴史主義の様式で建てられた建物に、およそ一一〇〇〇冊の本、四五〇の自筆稿、さらに数多くの彫像、ワッペン、絵画、記念コイン、そして版画が、比類ない規模で蒐集されています。壁や天井の板、彫刻、壁画、その他の芸術品、本箱、展示ケース、そしてその他の家具は価値ある中央部の厚いガラス板ともどもインテリアであり続け、一九〇三年にハウスがオープンして以来変わることはありません。

二〇世紀初めのルター・ルネサンスおよび弁証法神学の結果として、メランヒトンについては再び熱が冷めてしまいます。ところが、二〇世紀後半、カトリック神学はルターの傍らにいた宗教改革者に大きな関心を寄せるようになります。神学教授ヨゼフ・ラッィンガー（一九二七年生まれ）は今の教皇ベネディクト一六世ですが、彼は一九五八―一九六三年にフライジングとボンでメランヒトンのゼミナールを担当し、メランヒトンに関する博士学位請求論文に行き着いたのでした。その当時の動機は、こうした仕方でエキュメニズムを進めることにありました。同時にハイデルベルクの科学アカデミーがメランヒトンの往復書簡の新しい編集に着手します。これには一九六三年に設立された研究所が当たり、長年に渡り神学者のハインツ・シャイブレ（一九三一年生まれ）が指揮しています。彼はこれまでに、もっとも重要なメランヒトン専門家として認められています。研究所はメランヒトンの一万通の手紙、意見書、序文、献呈の辞を集め、まずは時代順の文書目録を編纂し、次に徐々にテキストに向かっています。

最初メランヒトンがまさにポピュラーになったのは一九九七年の生誕五〇〇年祭のときでした。これには当時ブレッテンのメランヒトンハウス専門職員であったステファン・ライン（一九五八年生まれ）が多大な貢献をしました。記念年の前、最中、そして後とメランヒトンに関する数多くの出版物が出されます。個別的なもののなかでは、彼の祈りを集めたものが多くの版を重ねました。ドイツの多くの教会共同体ではメランヒトンについての講演がなされ、そのグループは生誕の街ブレッテンや活躍した街ヴィッテンベルクなどを訪問しました。メランヒトンは初めて教会の一般の人々と関わったのです。研究への重要なはずみが、一九九六―九七年にブレッテン、ヴィッテンベルク、さらにライプツィヒ、デッサウ、ハイデルベルク、ニュルンベルク、そしてマインツで行われたシンポジウムや会議によってつけられます。

一九九七年のメランヒトン記念祭は数多くの伝説を整理します。メランヒトンが生前よりプラエケプトール・ゲルマニアエ、つまりドイツの教師と呼ばれていたとする主張に共感的なものもそうですし、すでに一七世紀にその他ゴットフリート・アルノルトに見出される話のように、ヴィッテンベルクの神学教授レオンハルト・ヒュッターがメランヒトンの死後四〇年経ってホールにあるその絵を取り外し、足で踏みにじったという侮辱的なものもそうです。同様に宗教改革についての文章を通じて幽霊のように現れる主張があり、一五三〇年、ルターがコーブルクからメランヒトンを追従者として罵倒し、誤りを正したというのもそうです。

二〇〇四年、ブレッテンには街とバーデン教会の援助の下、ヨーロッパ・メランヒトンアカデミーが設立されました。これはメランヒトンの精神的かつ文化的な探究を今日のヨーロッパの目標とするためのものです。アカデミーはこの人文学者かつ宗教改革者の普遍的な次元に関係するすべての研究を、歴史‐批判的に校正することに力を注いでいます。これには宗教改革ならびに宗教の歴史のほか、初期近代の研究、政治、倫理、教育史、そして宗派や宗教を交えた対話が含まれています。アカデミーにおける学問的作業は初期近代およびそれぞれの時代関連に関する知的かつ文化的内容から現代まで及んでいます。メランヒトンの著作の新しい校訂版も同じように準備されています。アカデミーはブレッテンのメランヒトンハウス専門職員のギュンター・フランク（一九五六年生まれ）によって指導されています。

すでに一八九七年に創設されたブレッテン・メランヒトン協会はメランヒトンハウスおよび図書館の運営をし、メランヒトン研究を促進しています。ブレッテン市は三年ごとに名声あるメランヒトン賞をブレッテン出身の宗教改革者について優秀な研究成果を出した者に与えています。これまでの受賞者には、ジークフリード・ヴィーデンホーファー、ギュンター・ヴァルテンベルク、コルネリス・アウグスティン、ハインツ・シャイブレ、ティモシー・ウェンガート、ビート・ジェニー、フォルクハルト・ウェルズ、そしてニコル・クロプカがいます。

メランヒトンを読み、研究すること

メランヒトンの著作、講演、そして手紙は自由に手にすることができます。ドイツ語でもありますし、そのものを読むことへとわたしたちを誘ってくれます。これらは宗教改革の根本思想を知り学ぶのには最高に向いています。冷静かつ明快に、理解しやすく分かりやすいようにメランヒトンは福音の教えを展開しました。彼の多くの思想は今日でも重要かつ刺激的です。またメランヒトンのラテン語のテキストは、ラテン語を学んだ者を誘うためのものでもあります。これらはルターやエラスムスのラテン語テキストよりもはるかに簡単に読むことができます。ロキのほか、とりわけメランヒトンの数多くのアカデミックな講演は、ラテン語原典での読書にお勧めです。

初心者には二巻本の『ドイツ語・メランヒトン』〔二〇一一年に第三巻も出版〕が向いています。これは紛れもないメランヒトンの優れた抜粋を提供してくれます。多くはラテン語からドイツ語への翻訳です。特に学校や教育の問題についての宗教改革者のテキストは、小さな本ですが『信仰と教育』のなかに集められています。祈りと信仰心を深めさせるメランヒトンの言葉はポケット本『わたしはあなたを呼び求めます』にあります。

メランヒトンの神学に、より親しく深く取り組みたいと思う人は、一五二一年のロキを手に取りましょう。これにはドイツ語・ラテン語の学生用のものがあります。とりわけメランヒトン自身によって補足されて書かれた一五五三年のドイツ語版ロキ（『ホイプトアルティケル』）はお勧めです。ただし、読者はこの場合一六世紀の古めかしいドイツ語と格闘しなければなりません。

メランヒトンとの独自の学問的取り組みは著作選集『メランヒトン著作集』に始まります。ここには広範なテーマの広がりについて、そのオリジナルな形でのラテン語とドイツ語のテキストが含まれています。この選集で考慮されていないものはすべて一九世紀の『コルプス・レフォルマトールム』に遡ることができます。特別な問題についてはさらに一六世紀のオリジナル版まで調べなければなりません。たとえば、メランヒトン神学が継続的に発展していくところなどは、初期のロキにおいて版を重ねる毎に変化するように、ただオリジナルのものに当たらないと観察することができません。

当時の出来事に対するメランヒトンの見方に関心のある人は、彼の手紙を読む必要があります。そこでまずは時代順文書目録に手を伸ばします。そこではメランヒトンの往復書簡や数多くの序文や所見についての完全な展望が得られます。ここでは助けとなる索引や注に支えられて、敏速な方向づけが可能となっています。時代順文書目録には日付、著者、受取人、そしてテキストの内容に関する摘要が記されています。オリジナルのものを読むには一五四〇年までのものなら簡単です。というのも、それらは『メランヒトンの往復書簡』のなかに新しく細心の注意を払った上で編纂されているからです。それより後のテキストについては、読むのはときに、かなり面倒です。時代順文書目録はこれまで分かっている箇所についてはあげています。個々のケースについてテキストはまだ完全には編纂されていません。これにはハイデルベルクのメランヒトン研究所がさらに協力を続けています。

メランヒトンに由来する信仰告白文書――アウクスブルク信仰告白、弁明ならびに教皇制についてのパンフレット――は『福音派―ルター派教会の信仰告白文書』という集録のなかに見出されますし、『わたしたちの信仰』の現代版にもあります。

メランヒトンの著作にはルターのものとは異なる性格があります。ルターの作品はメランヒトンのものに比べて内容的にも言語的にも緊張に満ちています。ともかくルターは後の世界で自身の作品が読まれることを望んではいませんでした。まさに今日特に高く評価されている一五二〇年の著作などは、現代の神学が宗教改革の主要著作といっているものですが、彼はその未成熟性のゆえになくなってしまうのを望んだほどです。ルターはその支持者ならびに信奉者に対していつも、そうしたものを読む代わりに聖書を、そしてメランヒトンのロキを読むように、と勧めていたのです。

訳者あとがき

本書は、Martin H. Jung : Philipp Melanchthon und seine Zeit. Göttingen : Vandenhoeck & Ruprecht, 2010. の全訳です。

日本語版への序文にもありますように、原著は初版が出版されて間もなく、同年に第二版が出されています。翻訳は初版によって開始されましたが、全体訳が一度出来上がった時点でユング教授と連絡を取り、第二版との異同箇所についてもすべて確認しました。修正は数か所のみの軽微なものでしたが、拙訳には、すでに第二版が反映されています。できるだけ多くの方々に、このメランヒトンという耳慣れない人物とその時代について興味・関心を抱いてもらうよう、訳出に際しては平易を心がけました。これは、著者の願いでもあります。よって、ラテン語やドイツ語等による原語表記は、あえて本文中には一切記さず、片仮名で示しました。さらに、最低限の語句については、訳注を〔 〕で記しました。

日本では中学校の教科書にも登場する宗教改革者ルター（Martin Luther, 1483頃—1546）。それとは対照的に、本国ドイツ（生誕の地）でさえ知名度の低い、この偉大な宗教改革者にして人文学者、そしてドイツの教師といわれたメランヒトン（Philipp Melanchthon, 1497-1560）。その生涯と思想を、彼が生きた時代との密接な関わりのなかで浮き彫りにし、多くの人々に知ってもらえるようにとの思いの下、原著は記されています。

しかし、これは単なる伝記ではありません。ユング教授による最新の研究成果を踏まえた後、これからの若い世代をメランヒトン研究へ誘おうとする、優れた入門書でもあります。詳細な出典・原典、参考文献リストを参照し、読者のなかで興味を抱かれた方は、ここから源泉となるテキストの世界へと、みずから足を踏み入れてください。メランヒトン全集としての『コルプス・レフォルマトールム』（Corpus Reformatorum）全二八巻は、グーグル書籍とインターネット・アルヒーフを通じて、すべてウェブ上でも閲覧可能です。

人文学者《フマニスト》としてのメランヒトン自身も強調していたと伝えられるように、テキストを丁寧に読むことを通じた人間形成——思考・モラル・教養の育成——こそ重要であり、それは今日の日本の教育界で、もっとも軽視されている基本作業かもしれません。もちろんメランヒトンの場合、その先には教養とともにある敬虔、そして祈りがありました。学究的生には、人生における望み、喜び、救いがあったのです。

本書は、日本における唯一のメランヒトン伝記の翻訳書、R・シュトゥッペリッヒ著、倉塚平訳『メランヒトン――宗教改革とフマニスムス』聖文舎、一九七一年（原著 Robert Stupperich: Melanchthon. Berlin: Walter de Gruyter, 1960.）に続いて、ようやく二冊目となるものです。邦訳としては、およそ四〇年ぶり、原著からすれば半世紀を経た後の、最新の伝記でもあります。ちなみに、シュトゥッペリッヒには森田安一訳『ドイツ宗教改革史研究』（ヨルダン社、一九八四年）もあり、ここには史料も収録され、今日でも優れた入門概論となっています。なお、最新の宗教改革史研究の動向については、森田安一編『ヨーロッパ宗教改革の連携と断絶』（教文館、二〇〇九年）や、R・W・スクリブナー／C・スコット・ディクソン著、森田安一訳『ドイツ宗教改革』（岩波書店、二〇〇九年）などを参照してください。

神学のみならず、哲学や教育等の幅広い分野に渡るメランヒトンの思想や実践については、本書のなかで簡潔かつ明瞭に述べられていますので、ここでは繰り返しませんが、ともかく日本における本格的なメランヒトン研究は、いま始まったばかりといっても過言ではありません。かつて西洋教育史の分野では、子どもを全員学校に遣れといって初等学校の設立に尽力したルターとともに、中等・高等教育機関としてのギムナジウムや大学の基礎を築いたメランヒトンが、ほんの小さく取り上げられることはありました（特にルターについては、金子晴勇・江口再起編『ルターを学ぶ人のために』世界思想社、二〇〇八年、二〇四―二一四頁所収、菱刈晃夫「学校教育」を参照）。が、メランヒトン原典の邦訳はごく限られていますし、研究書に至っても拙訳者のものを含めてごくわずかです。管見する限りでの日本語版主要参考文献も、次に掲げておきます。

・一九九八年までのメランヒトンに関する邦語文献については、『宗教改革著作集⑮――教会規定・年表・地図・参考文献目録』教文館、一九九八年、二〇二―二〇三頁を参照。

・主要原典からの邦訳としては唯一、一五二一年初版『神学要覧』の最新の翻訳が、『宗教改革著作集④――ルターとその周辺Ⅱ』教文館、二〇〇三年、一六九―三四九頁に収められています。タイトルは『神学綱要あるいは神学の基礎概念』となっています。

・本書でもたびたび登場する『アウクスブルク信仰告白』および『アウクスブルク信仰告白弁証』は、信条集専門委員会訳『一致信条集』聖文舎、一九八二年、二七―四〇五頁に収められています。『アウクスブルク信仰告白』は、『宗教改革著作集⑭――信仰告白・信仰問答』教文館、一九九四年、三一―七六頁にも収められています。『教皇の権力と首位権についての小論』は、既出『一致信条集』四五五―四七七頁に収められています。

・『巡察指導書』は、抄訳が『ザクセン領内教会巡察指導書』として、既出『宗教改革著作集⑮――教会規定・年表・地図・参考文献目録』、一九―四七頁に収められています。
・メランヒトンの伝記として、コンパクトなものが一点。これは、本書でも登場する現代における メランヒトン研究の権威・シャイブレによるものです。日本ルター学会編訳『宗教改革者の群像』知泉書館、二〇一一年所収、ハインツ・シャイブレ著、菱刈晃夫訳「フィリップ・メランヒトン」、三二九―三六九頁（原著 In: Martin Greschat（Hrsg.）: Die Reformationszeit II. Stuttgart : Verlag W. Kohlhammer, 1981.）。
・研究書としては、拙訳者による以下のものを参照。
『ルターとメランヒトンの教育思想研究序説』溪水社、二〇〇一年。

『近代教育思想の源流――スピリチュアリティと教育』成文堂、二〇〇五年。

『からだで感じるモラリティ――情念の教育思想史』成文堂、二〇一一年。

「メランヒトンの大学教育改革――再洗礼派との対決のなかで」日本キリスト教教育学会編『キリスト教教育論集』第一八号、二〇一〇年所収、三三―四八頁。


神学博士・マルティン・H・ユング教授は、現在はオスナブリュック大学で、歴史神学、教会史、エキュメニカル神学を担当されています（オスナブリュック大学のウェブサイト http://

www.ev-theologie.uni-osnabrueck.de/Main/ Jung にアクセスすれば、ユング教授の略歴や詳細な教育研究業績活動を知ることができます）。

ユング教授は一九五六年生まれ。ルターとメランヒトンの教育思想について博士論文を仕上げようとしていた頃、訳者はユング教授による『フィリップ・メランヒトンにおける敬虔と神学——宗教改革者の人生および教えのなかにある祈り』（Martin H. Jung: Frömmigkeit und Theologie bei Philipp Melanchthon: Das Gebet im Leben und in der Lehre des Reformators. Tübingen: Mohr, 1998.）と出会いました。これはテュービンゲン大学に提出された大学教授資格論文（Habilitationsschrift）です。従来、神学者としてのメランヒトンというよりも、むしろ人文学者や倫理学者としてのメランヒトンというイメージが強いのに対して、ユング教授は早くからメランヒトンにおける「敬虔」に着眼されてきました。「敬虔」の現れとしての「祈り」がメランヒトンという人物の中心軸にあること、そしてその構造を、この浩瀚の書は、膨大なメランヒトン原典および参考文献に基づいて究明しています。メランヒトンの教育思想に注目していた訳者としては、「ドイツの教師」の核心部分に「祈り」があることを、あらためて再認識させられました。教育という営みの根本には「祈り」がある、との認識です。出典・原典にもありますが、ユング教授は、「祈りの人」メランヒトンの祈りを集めた小冊子も出版されています（Ich rufe zu dir: Gebete des Reformators Philipp Melanchthon.）。

以来、ユング教授の著作には大きな関心を抱き続けてきましたが、二〇一〇年に本原著を手にして、すぐに訳出したいという思いに駆られました。深い学識に支えられ、かつ簡潔で明瞭な筆致によって、メランヒトンの思想と実践の要点を的確に押さえつつ、さらにユダヤ人やイスラム教徒との関連、妻であるカタリーナや人生の危機のこと等々、宗教改革という歴史的激動の時代にあって、これまであまり知られていなかったことが、じつに生き生きと描き出されていたからです。（本国での売れ行きも、その魅力を物語っています。）本文でも記されていますが、これらは最近になって、さらに整理が進んできた一次資料としての書簡に基づく記述です。公の書物とは異なり、私信においてはだれでも、つい「本音」を漏らしてしまうものです。たとえば、快眠のため夜には手紙を開かないなど、手紙が電子メールになっただけで、現代人でも大いに共感しうる習慣です。こうした、いつの時代や社会でも変わらない、ひとりの悩み苦しむ「人間」として、ユング教授は確かな研究成果に立脚しつつ、ドイツの教師・メランヒトンを見事に描出しています。そこには、現代日本に生きるわたしたちに対しても、何らかのインスピレーションを与えてくれるような、豊かなメッセージが含まれています。

日本語版への序文では、「教育・教養」（Bildung）、「平和」（Friede）、「祈り」（Gebet）の三つが、キーワードとしてあげられていました。本書を読まれて、いままで宗教改革やメランヒトンに興味をもたれていなかった方々にも、何らかの刺激と思索の種が発見できれば、訳者としては望外の幸せです。さらに関心をもたれた方は、先の『宗教改革者の群像』も、ぜひ手に取ってみてください。

第一級の学者にして、しかも親切でスマートなユング教授も、訳者との度重なるメールのやりとりのなかで、日本での出版を喜ばれていました。本書の他にも、敬虔主義《ピエティスムス》や宗教改革全般など、幅広い分野に渡るユング教授の著作は、ほぼ毎年のペースで勢力的に出版され続けています。

この話を、かつて『幸せのための教育』（Nel Noddings, *Happiness and Education*, Cambridge: Cambridge University Press, 2003.）の翻訳をしたいともちかけた知泉書館の小山光夫氏にしてから、またもやすぐに時間が経ってしまいました。今回も辛抱強く訳者を励ましてくださり、知泉書館のロゴに記された「知の源泉へ」（Ad fontes Sapientiae）の通り、テキストに還ることの必要性と重要性を説いて止まない小山氏に、たいへんお世話になりました。心より感謝いたします。小山氏からはメランヒトン思想の集大成であり、ルターも聖書に次いで読むべしと語っていた『神学要覧』（Loci praecipui theologici, 1559.）、すなわちロキの最終版翻訳も勧められ、目下作業中です。大部な書物ですが、できるだけ早い出版を目指し、あわせて研究成果もまとめたいと思います。また、編集部の齋藤裕之さん、高野文子さんにも、お世話になりました。

訳に際しては、立教大学文学部の木村あすかさんにも、たいへんお世話になりました。木村さんは優秀な学徒として、わたしの初稿を原著（第二版）と照らし合わせながらチェックしてくださり、単独では発見しえないようなミスの指摘や、内々の最初の読者としても表現上のアドバイスなどを、適切かつ丁寧にしてくださいました。深く、感謝いたします。

最後に、ルター学会のみならず、エラスムスのラテン語原典を読む研究会等でも、訳者を学問の正道へと絶えず引き戻してくださり、本書の訳に際しても貴重なアドバイスをくださいました金子晴勇先生に、衷心より感謝いたします。

二〇一二年五月　新緑のなかで

菱刈　晃夫

年表

一四五三年　トルコ人によるコンスタンティノープル陥落
一四八三年頃　ルター誕生
一四八四年　ツヴィングリ誕生
一四九二年　コロンブスによるアメリカ発見
一四九七年（二月一六日）　フィリップ・シュヴァルツェルト（メランヒトン）　ブレッテンに誕生
一五〇五年　ルター修道院に入る
一五〇八年　フィリップの祖父および父没
一五〇九年　カルヴァン誕生
一五〇九年　フィリップがハイデルベルクで学業開始
一五〇九年　ロイヒリンがシュヴァルツェルトにメランヒトンという名を贈る
一五一二年　メランヒトンがテュービンゲンに移る
一五一四年　メランヒトンがテュービンゲンで修士試験を受ける
一五一七年　ルターによる九五か条提題
一五一八年　ハイデルベルク討論

一五一八年　メランヒトンがヴィッテンベルクでギリシャ語教授となる
一五一九年　ツヴィングリがチューリヒで牧師となる
一五一九年　ライプツィヒ討論
一五二〇年　ルターによる宗教改革主要著作集
一五二〇年　メランヒトンがカタリーナ・クラップと結婚
一五二一年　ヴォルムス帝国議会
一五二一年　『神学要覧（ロキ）』出版
一五二一年　メランヒトンが初めてパンとぶどう酒による聖餐に与る
一五二三年　チューリヒで宗教改革開始
一五二二年　メランヒトンの娘アンナ誕生
一五二三年一月―二月　チューリヒ討論
一五二四年　ヘッセンで宗教改革
一五二五年　メランヒトンの息子フィリップ誕生
一五二五年　農民戦争
一五二五年　メランヒトンがカリタース・ピルクハイマーと出会う
一五二六年　シュパイアーで帝国議会
一五二六年　メランヒトンの息子ゲオルグ誕生
一五二八年　メランヒトンがザクセン選帝侯領の学校制度を改革
一五二九年　シュパイアーからの抗議（プロテスタント）

年　表

一五二九年　マールブルク宗教会談
一五三〇年　アウクスブルク帝国議会ならびにアウクスブルク信仰告白
一五三一年　メランヒトンの娘マグダレーナ誕生
一五三一年　ツヴィングリ没
一五三四年　ヴュルテンベルクで宗教改革
一五三五年　ミュンスターの再洗礼派王国終焉
一五三六年　エラスムス没
一五三七年　シュマルカルデン条項
一五四〇年　ヴァイマールでメランヒトンが病気になる
一五四一年　レーゲンスブルク宗教会談
一五四三年　オスナブリュックで宗教改革
一五四五―一五六三年　トリエント公会議
一五四六年　ルター没
一五四六―四七年　シュマルカルデン戦争
一五四七年　アンナ・メランヒトン没
一五四八年　アウクスブルク仮信条
一五五二年　諸侯戦争
一五五二年　パッサウ条約
一五五三年　メランヒトンのドイツ語版ロキ出版

一五五五年　アウクスブルク信仰和議
一五五七年　ヴォルムスでの宗教会談
一五五七年　カタリーナ・メランヒトン没
一五六〇年（四月一九日）　メランヒトン没
一五六四年　カルヴァン没
一五七七年　ルター派和協信条
一五八〇年　和協信仰書
一六一八年　三〇年戦争開始
一六四八年　ミュンスターとオスナブリュックでの和平

菱刈　晃夫（ひしかり・てるお）

1967年生まれ。京都大学大学院教育学研究科博士後期課程学修認定退学。京都大学博士（教育学）。現在，国士舘大学教授。専攻：教育学，教育思想史，道徳教育。〔主要著書・訳書〕『ルターとメランヒトンの教育思想研究序説』（溪水社，2001年），『近代教育思想の源流——スピリチュアリティと教育』（成文堂，2005年），『からだで感じるモラリティ——情念の教育思想史』（成文堂，2011年），N. ノディングズ著，山﨑洋子・菱刈晃夫監訳『幸せのための教育』（知泉書館，2008年），日本ルター学会編訳『宗教改革者の群像』（知泉書館，2011年）など。

〔メランヒトンとその時代〕　ISBN978-4-86285-134-5

2012年6月15日　第1刷印刷
2012年6月20日　第1刷発行

著　者　菱　刈　晃　夫
発行者　小　山　光　夫
製　版　ジ　ャ　ッ　ト

発行所　〒113-0033 東京都文京区本郷1-13-2
電話03(3814)6161 振替00120-6-117170
http://www.chisen.co.jp
株式会社 知泉書館

Printed in Japan　印刷・製本／藤原印刷

索　引

ア　行

カ　行

サ　行

タ・ナ　行

ハ　行

マ　行

ヤ　行

ラ　行

出典・原典

Akten der deutschen Reichsreligionsgespräche im 16. Jahrhundert. Bd.1-3 / Klaus Ganzer (Hg.). Göttingen: Vandenhoeck & Ruprecht, 2000-2007.

Das Augsburger Interim: Nach den Reichstagsakten deutsch und lateinisch / Joachim Mehlhausen (Hg.). 2., erw. Aufl. Neukirchen-Vluyn: Neukirchener, 1996 (Texte zur Geschichte der evangelischen Theologie 3).

Das Wormser Buch: Der letzte ökumenische Konsensversuch vom Dezember 1540 in der deutschen Fassung von Martin Bucer / Richard Ziegert(Hg.): Cornelis Augustijn(Bearb.). Frankfurt a.M.: Spener, 1995.

Die Bekenntnisschriften der evangelisch-lutherischen Kirche: Herausgegeben im Gedenkjahrder der Augsburgischen Konfession 1930. 12. Aufl. Göttingen: Vandenhoeck & Ruprecht, 1998.

Ich rufe zu dir: Gebete des Reformators Philipp Melanchthon / Martin H. Jung(Bearb.;Hg.); Manfred Kock(Vorw.). [4.,neu gestalt. Aufl.]. Frankfurt a.M.: Hanseatisches Druck- und Verlagshaus, 2010(edition Chrismon).

Melanchthon deutsch / Michael Beyer(Hg.); Stefan Rhein(Hg.); Günther Wartenberg(Hg.). Bd.1-2. Leipzig: Evangelische Verlagsanstalt, 1997.

Melanchthon, Philipp: (T.1-3); Peucer, Kaspar(T.3-5): CHRONICON CARIONIS EXPOSITVM ET AVCTVM MVLTIS ET VETERIBVS ET RECENTIBVS HISTORIIS, IN DESCRIPTIONIBVS REGNORVM ET GENTIVM ANTIQUARUM, et narrationibus rerum Ecclesiasticarum, et Politicarum, Graecarum, Romanarum, Germanicarum et aliarum, ab exordio Mundi vsque ad CAROLVM QVINTVM Imperatorem.[...]T. 1-5. Wittenberg: Crato, 1572.

Melanchthon, Philipp: [...] CONSILIA sive IVDICIA THEOLOGICA, Itemque RESPONSIONES AD QVAESTIONES DE rebus variis ac multiplicibus secundum seriem annorum digestae. Vna cum

FRAGMENTIS NARRATIONVM Historicarum pertinentium ad Acta plurimorum Conuentuum Theologicorum [...] / Christoph Pezel(Hg.). T.1-2. Neustadt: Harnisius, 1600.

-: A Godlye treatyse of Prayer, translated into English, By John Bradforde. London: Wight, [zw. 1550 u. 1557].

-: Briefwechsel. Bd. 1: 1510-1528 / Otto Clemen(Hg.). (Nachdr. der Ausg. Leipzig: Heinsius, 1926). Frankfurt a.M.: Minerva, 1968(Supplementa Melanchthonia 6/1).

-: Dogmatische Schriften / Otto Clemen(Hg.). T.1. (Nachdr. der Ausg. Leipzig: Haupt, 1910). Frankfurt a.M.: Minerva, 1968 (Supplementa Melanchthonia 1/1).

-: Enarratio secundae tertiaeque partis Symboli Nicaeni (1550) / Hans-Peter Hasse (Hg.; Einl). Gütersloh : Verlagshaus, 1996 (Quellen und Forschungen zur Reformationsgeschichte 64).

-: Epistolae, iudicia, consilia, testimonia aliorumque ad eum epistolae quae in Corpore Reformatorum desiderantur / Heinrich Ernst Bindseil (Hg.); Robert Stupperich (Nachtr.). (Repr. der Ausg. Halle [Saale]: Schwetschke, 1874). Hildesheim: Olms, 1975.

-: Glaube und Bildung: Texte zum christlichen Humanismus / Günter R. Schmidt(Hg.) Stuttgart: Reclam, 1989 (Universal Bibliothek 8609).

-: Grundbegriffe der Glaubenslehre (Loci communes) 1521 / Friedrich Schad (Übers.); Karl Heim (Geleitwort). München: Kaiser, 1931.

-: Heubtartikel christlicher Lere: Melanchthons deutsche Fassung seiner Loci theologici: Nach dem Autograph und dem Originaldruck von 1553 / Ralf Jenett (Hg.); Johannes Schilling (Hg.). Leipzig: Evangelische Verlags-anstalt, 2002.

-: Loci Communes / das ist / die furnemesten Artikel Christlicher lere / Philippi Melanch[thonis]. Aus dem Latin verdeudscht / durch Justum Jonam. Wittenberg: Rhaw, 1536.

-: Loci communes 1521: Lateinisch - deutsch / Horst Georg Pöhlmann (Übers.; Anm.). 2., durchges. u. korr. Aufl.Gütersloh: Verlagshaus, 1997.

-: LOCI THEOLOGICI RECENS RECOGNITI. Avtore Philip[pi] Melanthone. VVitebergae. Anno. 1543. Wittenberg: Seitz, 1544.

-: OMNIA OPERA REVERENDI VIRI PHILIPPI MELANTHONIS [...]. T. 1. Wittenberg: Crato, 1562.

-: Opera quae supersunt omnia / Karl Gottl[ieb] Bretschneider (Hg. v. Bd.1-15); Heinrich Ernst Bindseil (Hg. v. Bd.16-28). Bd.1-28. (Nachdr. der Ausg. Halle [Saale] [Bd.1-18]; Braunschweig [Bd. 19-28]: Schwetschke, 1834-1850; 1850-1860). New York: Johnson, 1963 (Corpus Reformatorum 1-28).

-: Philologische Schriften / Hanns Zwicker (Hg.). T.1. (Unver. Nachdr. der Ausgabe Leipzig: Haupt, 1911). Frankfurt a.M.: Minerva, 1968 (Supplementa Melanchthonia 2/1).

-: Schriften zur praktischen Theologie. T.1: Katechetische Schriften / Ferdinand Cohrs (Hg.). (Repr. der Ausg. Leipzig: Haupt, 1915). Frankfurt a.M.: Minerva, 1968 (Supplementa Melanchthonia 5/1).

-: Schriften zur praktischen Theologie. T.2: Homiletische Schriften / Paul Drews (Hg.); Ferdinand Cohrs (Hg.). (Repr. der Ausg. Leipzig: Heinsius, 1929). Frankfurt a.M.: Minerva, 1968 (Supplementa Melanchthonia 5/2).

-: Werke: in einer auf den allgemeinen Gebrauch berechneten Auswahl / Friedrich August Koethe (Hg.; Übers.). T. 1-4; T. 5-6. Leipzig: Brockhaus, 1829; 1830.

-: Werke in Auswahl: [Studienausgabe] / Robert Stupperich (Hg.). Bd.1: Reformatorische Schriften / Robert Stupperich (Hg.); Bd.2, T.1: Loci communes von 1521, Loci praecipui theologici von 1559 (1. Teil) / Hans Engelland (Bearb.); Robert Stupperich (Bearb.); Bd.2, T.2: Loci praecipui theologici von 1559 (2.Teil) und Definitiones / Hans Engelland (Bearb.); Robert Stupperich (Bearb.). 2., neubearb. Aufl. [auch in der Seitenzählung von der 1. Aufl. verschieden]. Gütersloh: Mohn, 1983; 1978; 1980.

-: Werke in Auswahl: [Studienausgabe] / Robert Stupperich (Hg.). Bd.3: Humanistische Schriften / Richard Nürnberger (Hg.); Bd.4: Frühe exegetische Schriften / Peter F[riedrich] Barton (Hg.); Bd.5: Römerbrief-Kommentar 1532 / Rolf Schäfer (Hg.); Gerhard Ebeling (Mithg.). 2.Aufl. [Nachdr. der 1.Aufl.]. Gütersloh: Mohn, 1969; 1980; 1983.

-: Werke in Auswahl: [Studienausgabe] / Robert Stupperich (Hg.). Bd.6: Bekenntnisse und kleine Lehrschriften / Robert Stupperich (Hg.). Gütersloh: Bertelsmann, 1955.

-: Werke in Auswahl: [Studienausgabe] / Robert Stupperich (Hg.). Bd.7 / Hans Volz (Hg.). T.1: Ausgewählte Briefe 1517-1526; T.2: Ausgewählte Briefe 1527-1530. Gütersloh: Mohn, 1971; 1975.

Melanchthons Briefwechsel: Kritische und kommentierte Gesamtausgabe; Regesten / Heinz Scheible (Hg.; Bearb. Bd.1-7); Walter Thüringer (Mitbearb. Bd.4-7). Bd.1-8: Regesten 1-9301; (1514-1560); Bd.9: Addenda und Konkordanzen; Bd.10: Orte A-Z und Itinerar; Bd.ll-12: Personen. Stuttgart-Bad Cannstatt: frommann-holzboog, 1977-2005.

Melanchthons Briefwechsel: Kritische und kommentierte Gesamtausgabe: Texte [1514-1540] / Heinz Scheible (Hg.). Bd.T.1-9 / Richard Wetzel (Bearb. Bd.1-3); Johanna Loehr (Bearb. Bd.4); Walter Thüringer (Bearb. Bd.5); Christine Mundhenk (Bearb. Bd.6ff). Stuttgart-Bad Cannstatt: frommann-holzboog, 1991-2008.

Philipp Melanchthons „Rhetorik"/ Joachim Knape (Hg.). Tübingen: Niemeyer, 1993 (Rhetorik-Forschungen 6).

Unser Glaube: Die Bekenntnisschriften der evangelisch-lutherischen Kirche: Ausgabe für die Gemeinde / Horst Georg Pöhlmann (Bearb.). 5.Aufl. Gütersloh: Verlagshaus, 2004.

参考文献

メランヒトンに関する文献は，非常に多くあります。以下では，ほとんど例外なく，1997 年以降に出版された書誌のタイトルだけ，示しておきます。これらは，わたしが本書で扱ったテーマのなかで，特に今まで取り上げられてこなかったことがらを，より追究し，深化させるには重要となる文献です。1991 年までの比較的古い文献については，ハインツ・シャイブレの TRE-Artikel（Scheible: Melanchthon, Philipp）のなかに，ほぼ完全に網羅されています。1991 年から 1996 年の文献については，同じくシャイブレによるメランヒトンの伝記（Scheible: Melanchthon）を参照してください。

„Als ich ein Kind war...“: Bretten 1497: Alltag im Spätmittelalter: Begleitbuch zur Ausstellung / Peter Bahn (Hg.). Ubstadt-Weiher: Verl. Regionalkultur, 1997.

500 Jahre Philipp Melanchthon (1497-1560): Akten des interdisziplinären Symposions vom 25.-27. April 1997 im Nürnberger Melanchthon-Gymnasium / Reinhold Friedrich (Hg.); Klaus A. Vogel (Hg.). Wiesbaden: Harrassowitz, 1998 (Pirckheimer Jahrbuch für Renaissance- und Humanismusforschung 13).

Arnhardt, Gerhard; Reinert, Gerd-Bodo; Philipp Melanchthon; Architekt des neuzeitlich-christlichen deutschen Schulsystems: Studienbuch. Donauwörth: Auer, 1997 (Geschichte und Reflexion).

Augustijn, Cornelis: Erasmus: Der Humanist als Theologe und Kirchenreformer. Leiden: Brill, 1996 (Studies in Medieval and Reformation Thought 59).

Berwald, Olaf: Philipp Melanchthons Sicht der Rhetorik. Wiesbaden; Harrassowitz, 1994 (Gratia 25).

Beutel, Albrecht (Hg.): Luther Handbuch. Tübingen: Mohr, 2005 (Theologen Handbücher).

Der Theologe Melanchthon: [Vorträge der internationalen

Melanchthontagung, Bretten, Februar 1997] / Günter Frank (Hg.). Stuttgart: Thorbecke, 2000 (Melanchthon-Schriften der Stadt Bretten 5).
Detmers, Achim: Reformation und Judentum: Israel-Lehren und Einstellungen zum Judentum von Luther bis zum frühen Calvin. Stuttgart; Kohlhammer, 2001 (Judentum und Christentum 7).
Deutsche Geschichte in Quellen und Darstellung. Bd. 3: Reformationszeit: 1495-1555 / Ulrich Köpf (Hg.). Stuttgart: Reclam, 2001 (Universal-Bibliothek 17003).
Die ehemalige herzogliche Bibliothek, Otto I. und Philipp Melanchthon: Eine Ausstellung aus Anlaß des Melanchthon-Jahres 1997 / Ralf Busch; Jens-Martin Kruse. Hamburg: Museum für Archäologie und die Gesclichte Harburgs, 1997 (Veröffentlichungen des Hamburger Museums für Archäologie und die Geschichte Harburgs 77).
Diestelmann, Jürgen: Usus und Actio: Das Heilige Abendmahl bei Luther und Melanchthon. Berlin: Pro Business, 2007.
Dithmar, Reinhard: Auf Luthers Spuren: Ein biographischer Reiseführer. Leipzig: Evangelische Verlagsanstalt, 2006.
Erinnerung an Melanchthon: Beiträge zum Melanchthonjahr 1997 aus Baden. Karlsruhe: Evangelischer Presseverband für Baden, 1998 (Veröffentlichungen des Vereins für Kirchengeschichte in der Evangelischen Landeskirche in Baden 55).
Estes, James M.: Peace, Order and the Glory of God: Secular Authority and the Church in the Thought of Luther and Melanchthon; 1518-1559. Leiden; Brill, 2005 (Studies in Medieval and Reformation Traditions 111).
Fragmenta Melanchthoniana: Zur Geistesgeschichte des Mittelalters und der frühen Neuzeit. Bd.1 / Günter Frank (Hg.); Sebastian Lalla (Hg.): Heidelberg: regionalkultur [Fragmenta Melanchthoniana 1].
Frank, Günter: Die theologische Philosophie Philipp Melanchthons (1497-1560). Leipzig: Benno, 1995 (Erfurter theologische Studien 67).
Gäbler, Ulrich: Huldrych Zwingli: Leben und Werk / Martin Sallmann (Hg.). Zurich: TVZ, 2004.
Gedenken und Rezeption: 100 Jahre Melanchthonhaus / Günter Frank (Hg.). Heidelberg: Verl. Regionalkultur, 2003 (Fragmenta Melanchthoniana 2).

Glaube und Bildung: Faith and Culture: Referate und Berichte des Neunten Internationalen Kongresses für Lutherforschung: Heidelberg, 17.-23. August 1997 / Helmar Junghans (Hg.). Göttingen: Vandenhoeck & Ruprecht, 1999 (Lutherjahrbuch, Jg. 66, 1999).

Hammer, Wilhelm: Die Melanchthonforschung im Wandel der Jahrhunderte; Ein beschreibendes Verzeichnis. Bd.4: Register / Manfred Blankenfeld (Bearb.); Michael Reichert (Bearb.). Gütersloh: Verlagshaus, 1996 (Quellen und Forschungen zur Reformationsgeschichte 65).

Haustein, Jörg (Hg.): Philipp Melanchthon: Ein Wegbereiter für die Ökumene. 2. Aufl. Göttingen: Vandenhoeck & Ruprecht, 1997 (Bensheimer Hefte 82).

Herrlinger, [Albert]: Die Theologie Melanchthons in ihrer geschichtlichen Entwicklung und im Zusammenhänge mit der Lehrgeschichte und Culturbewegung der Reformation dargestellt. Gotha: Perthes, 1879.

Hoppmann, Jürgen G. H.: Astrologie der Reformationszeit: Faust, Luther, Melanchthon und die Sternendeuterei / Günther Mahal (Vorw.). Berlin: Zerling, 1998.

Humanismus und europäische Identität / Günter Frank (Hg.). Ubstadt-Weiher: Verl. Regionalkultur, 2009 (Fragmenta Melanchthoniana 4).

Humanismus und Wittenberger Reformation: Festgabe anläßlich des 500. Geburtstages des Praeceptor Germaniae Philipp Melanchthon am 16. Februar 1997: Helmar Junghans gewidmet / Michael Beyer (Hg); Günther Wartenberg (Hg.); Hans-Peter Hasse (Mitarb.). Leipzig: Evangelische Verlagsanstalt, 1996.

Janssen, Wibke: „Wir sind zum wechselseitigen Gespräch geboren“: Philipp Melanchthon und die Reichsreligionsgespräche von 1540/41. Göttingen: Vandenhoeck & Ruprecht, 2009 (Forschungen zur Kirchen- und Dogmengeschichte 98).

Jedin, Hubert (Hg.): Handbuch der Kirchengeschichte. Bd.4: Reformation, Katholische Reform und Gegenreformation / Erwin Iserloh; Jodes Glazik; Hubert Jedin. Sonderausg. Freiburg i.Br.: Herder, 1985.

Jesse, Horst: Leben und Wirken des Philipp Melanchthon: Monographie. Berlin: Frieling 1998.

Jung, Martin H. (Hg.): Walter, Peter (Hg.): Theologen des 16. Jahrhunderts:

Humanismus, Reformation, Katholische Erneuerung: Eine Einführung. Darmstadt: Wissenschaftliche Buchgesellschaft, 2002.

Jung, Martin H.; Walter, Peter; Einleitung; Theologie im Zeitalter von Humanismus, Reformation und Katholischer Erneuerung. In: Martin H. Jung (Hg.); Peter Walter (Hg.): Theologen des 16. Jahrhunderts. A.a.O., S.9-30.

Jung, Martin H.; Abendmahlsstreit: Brenz und Oekolampad. In: Blätter fur württembergische Kirchengeschichte 100 (2000) = Vorträge des Brenz-Symposions Weil der Stadt 1999, S.143-161.

-: Bemerkungen zur frömmigkeitsgeschichtlichen Erforschung der Reformationszeit. In: Bernd Jaspert (Hg.): Frömmigkeit: Gelebte Religion als Forschungsaufgabe: Interdisziplinäre Studientage [5.-7.2.1993]. Paderborn: Bonifatius, 1995, S.93-100.

-: Christen und Juden: Geschichte der christlich-jüdischen Beziehungen. Darmstadt: Wissenschaftliche Buchgesellschaft, 2008.

-: Die Begegnung Philipp Melanchthons mit Caritas Pirckheimer im Nürnberger Klarissenkloster im November 1525. In: Jahrbuch für fränkische Landesforschung 56 (1996), S.235-258.

-: Die Bibel im Streit zwischen den Konfessionen. In: Das Buch, ohne das man nichts versteht: Die kulturelle Kraft der Bibel / Georg Steins (Hg.); Franz Georg Untergaßmair (Hg.). Münster/Westf.: Lit, 2005 (Vechtaer Beiträge zur Theologie ll), S.79-86.

-: Die Nonne von Mariastein: Eine weibliche Stimme im reformatorischen Disput um das Klosterleben. In: Zeitschrift für bayerische Kirchengeschichte 68 (1999), S.12-20.

-: Die Reformation: Theologen, Politiker, Künstler. Göttingen: Vandenhoeck & Ruprecht, 2008.

-: Endzeithoffnungen und Jenseitserwartungen in der Reformationszeit. In: Apokalypse: Endzeiterwartungen im evangelischen Württemberg: [Ausstellungskatalog] / Eberhard Gutekunst (Red.). Ludwigsburg: Landes- kirchliches Museum, 1999 (Kataloge und Schriften des Landeskirchlichen Museums 9), S.95-99.

-: Evangelische Heiligenverehrung: Die Vorstellungen des Osnabrücker Reformators Hermann Bonnus In: Jahrbuch der Gesellschaft für

niedersächsische Kirchengeschichte 102 (2004), S.63-80.
-: Evangelisches Historien- und Heiligengedenken bei Melanchthon und seinen Schülern: Zum Sitz im Leben und zur Geschichte der protestantischen Namenkalender. In: Melanchthonbild und Melanchthonrezeption in der Lutherischen Orthodoxie und im Pietismus. A.a.O., S.49-80.
-: Fliehen oder bleiben?: Der reformatorische Disput um das Klosterleben. In: Heidemarie Wüst (Hg.); Jutta Jahn (Hg.): Frauen der Reformation: Texte (einer Fachtagung zum Auftakt des Katharina-von-Bora-Jubiläums), Grußworte, Festvorträge. Wittenberg: Evangelische Akademie, 1999 (Tagungstexte der Evangelischen Akademie Sachsen-Anhalt 5), S.131-143.
-: Frommigkeit und Bildung: Melanchthon als religiöser Erzieher seiner Studenten. In: Fragmenta Melanchthoniana. A.a.O., S.135-146.
-: Frömmigkeit und Theologie bei Philipp Melanchthon: Das Gebet im Leben und in der Lehre des Reformators. Tübingen: Mohr, 1998 (Beitrage zur historischen Theologie 102).
-: „Ich habe euch kein Weibergeschwätz geschrieben, sondern das Wort Gottes“: Flugschriftenautorinnen der Reformationszeit - Ihr Selbstverständnis im Kontext reformatorischer Theologie. In: Luther - Zeitschrift der Luthergesellschaft 1 (1998), S.6-18.
-: Katharina Zell geb. Schütz (1497/98-1562): Eine „Laientheologin“ der Reformationszeit? In: Zeitschrift für Kirchengeschichte 107 (1996), S.145-178.
-: Kirchengeschichte: Göttingen: Vandenhoeck & Ruprecht, 2010 (Grundwissen Christentum 3).
-: Leidenserfahrungen und Leidenstheologie in Melanchthons Loci. In: Der Theologe Melanchthon. A.a.O., S.259-290.
-: Melanchthon als Beter. In: Ich rufe zu dir. A.a.O., S.77-91.
-: Nonnen, Prophetinnen, Kirchenmütter: Kirchen- und frömmigkeitsgeschichtliche Studien zu Frauen der Reformationszeit. Leipzig: Evangelische Verlagsanstalt, 2002.
-: Ökumene im Zeitalter der Glaubensspaltung: Melanchthons Begegnung mit Caritas Pirckheimer. In: Deutsches Pfarrerblatt 96 (1996), S.374-376

u.381.
-: Philipp Melanchthon: Humanist im Dienste der Reformation. In: Martin H. Jung (Hg.); Peter Walter (Hg.): Theologen des 16. Jahrhunderts. A.a.O., S.154-171.
-: Philipp Melanchthon 1497-1997: Sammelrezension von Neuerscheinungen zum Melanchthonjahr 1997. Teil 1: Stand Sommer 1997. In: Blätter für württembergische Kirchengeschichte 97 (1997), S.177-206.
-: Philipp Melanchthon 1497-1997: Sammelrezension von Neuerscheinungen zum Melanchthonjahr 1997. Teil 2: Stand Sommer 2000. In: Blätter für württembergische Kirchengeschichte 101 (2001), S.284-321.
-: Pietas und eruditio: Philipp Melanchthon als religiöser Erzieher der Studenten. In: Theologische Zeitschrift 56 (2000), S.36-49.
-: Zum Davonlaufen?: Das Klosterleben in der frühen Reformationszeit. In: Udo Hahn (Hg.); Marlies Mügge (Hg.): Katharina von Bora; Die Frau an Luthers Seite. Stuttgart: Quell, 1999 (Quell Paperback), S.32-51.
Kawerau, Gustav: Die Versuche, Melanchthon zur katholischen Kirche zurückzuführen. Halle (Saale): Niemeyer, 1902 (Schriften des Vereins fur Reformationsgeschichte 73).
Kirchen- und Theologiegeschichte in Quellen. Bd.3: Reformation / Heiko Augustinus Oberman (Hg.). Neukirchen-Vluyn: Neukirchener, 2005.
Kuropka, Nicole: Philipp Melanchthon: Wissenschaft und Gesellschaft: Ein Gelehrter im Dienst der Kirche (1526-1532). Tübingen: Mohr, 2002 (Spätmittelalter und Reformation, N.R. 21).
Leppin, Volker: Martin Luther. Darmstadt: Buchgesellschaft, 2006 (Gestalten des Mittelalters und der Renaissance).
Lexutt, Athina: Rechtfertigung im Gesprach: Das Rechtfertigungsverständnis in den Religionsgesprächen von Hagenau, Worms und Regensburg 1540/41. Göttingen: Vandenhoeck & Ruprecht, 1996 (Forschungen zur Kirchen- und Dogmengeschichte 64).
Luther and Melanchthon in the Educational Thought of Central and Eastern Europe / Reinhard Golz (Hg.); Wolfgang Mayrhofer (Hg.). Münster / Westf.: Lit, 1998 (Texte zur Theorie und Geschichte der Bildung 10).
Luther und Melanchthon neu entdecken: Reiseführer: Gedenkstätten der Reformation / Paul Metzger (Hg.); Stefan Rhein (Hg.). Heilbronn:

Contell edition, 1997.

Mahlmann, Theodor: Die Bezeichnung Melanchthons als Praeceptor Germaniae auf ihre Herkunft geprüft: Auch ein Beitrag zum Melanchthon-Jahr. In: Melanchthonbild und Melanchthonrezeption in der Lutherischen Orthodoxie und im Pietismus. A.a.O., S.135-222.

Man weiß so wenig über ihn: Philipp Melanchthon: Ein Mensch zwischen Angst und Zuversicht / Evangelisches Predigerseminar (Hg.). Wittenberg: Drei Kastanien, 1997.

Melanchthon: Zehn Vorträge / Hanns Christof Brennecke (Hg.); Walter Spam (Hg.). Erlangen: Universitätsbund Erlangen-Nürnberg, 1998 (Erlanger Forschungen, Reihe A: Geisteswissenschaften 85).

Melanchthon auf Medaillen 1525-1997. Ubstadt-Weiher: Verl. Regionalkultur, 1997.

Melanchthon in seinen Schülern [Vorträge, gehalten anlässlich eines Arbeitsgesprächs vom 21.-23. Juni 1995 in der Herzog August Bibliothek] / Heinz Scheible (Hg.). Wiesbaden: Harrassowitz, 1997 (Wolfenbütteler Forschungen73).

Melanchthon und das Lehrbuch des 16. Jahrhunderts: Begleitband zur Ausstellung im Kulturhistorischen Museum Rostock 25. April bis 13. Juli 1997 / Jürgen Leonhardt (Hg.). Rostock: Universität, 1997.

Melanchthon und die Marburger Professoren (1527-1627): Katalog und Aufsätze. Bd.1-2 / Barbara Bauer (Hg.). Marburg: Universitätsbibliothek, 1999 (Schriften der Universitätsbibliothek Marburg 89).

Melanchthon und die Naturwissenschaften seiner Zeit / Günther Frank (Hg.); Stefan Rhein (Hg.). Sigmaringen: Thorbecke, 1998 (MelanchthonSchriften der Stadt Bretten 4).

Melanchthon und die Universität: Zeitzeugnisse aus den halleschen Sammlungen / Ralf-Torsten Speler (Hg.). Halle (Saale): Martin-Luther-Universität, 1997 (Katalog des Universitätsmuseums der Zentralen Kustodie, NF 3).

Melanchthon und Europa. Bd. 1: Skandinaviern und Mittelosteuropa / Günter Frank (Hg.); Martin Treu (Hg.); Bd.2: Westeuropa / Günter Frank (Hg.); Kees Meerhoff (Hg.). Sigmaringen: Thorbecke, 2001;

2002 (Melanchthon-Schriften der Stadt Bretten 6,1; 6,2).
Melanchthonbild und Melanchthonrezeption in der Lutherischen Orthodoxie und im Pietismus: Referate des dritten Wittenberger Symposiums zur Erforschung der Lutherischen Orthodoxie (Wittenberg, 6.-8. Dezember 1996) / Udo Sträter (Hg.). Wittenberg: Drei Kastanien, 1999 (Themata Leucoreana 5).
Melanchthons Astrologie: Der Weg der Sternenwissenschaft zur Zeit von Humanismus und Reformation: Katalog zur Ausstellung vom 15. September bis 15. Dezember 1997 im Reformationsgeschichtlichen Museum Lutherhalle Wittenberg / Jürgen G. H. Hoppmann (Hg.). Wittenberg: Drei Kastanien, 1997.
Melanchthons bleibende Bedeutung: Ringvorlesung der Theologischen Fakultät der Christian-Albrechts-Universität zum Melanchthon-Jahr 1997 / Johannes Schilling (Hg.). Kiel: Theologische Fakultät, 1998.
Melanchthons Wirkung in der europäischen Bildungsgeschichte / Günter Frank (Hg.). Heidelberg: Verl. Regionalkultur, 2007 (Fragmenta Melanchthoniana 3).
Opitz, Peter; Leben und Werk Johannes Calvins. Göttingen: Vandenhoeck & Ruprecht, 2009.
Pauli, Frank: Philippus: Ein Lehrer für Deutschland: Spuren und Wirkungen Philipp Melanchthons. 3., durchges. Aufl. Berlin: Wichern, 1996.
Peters, Christian: Apologia Confessionis Augustanae; Untersuchungen zur Textgeschichte einer lutherischen Bekenntnisschrift (1530-1584). Stuttgart: Calwer, 1997 (Calwer Theologische Monographien, Reihe B 15).
Philip Melanchthon (1497-1560) and the Commentary / Timothy J. Wengert (Hg.); M. Patrick Graham (Hg.). Sheffield: Academic Press, 1997.
Philip Melanchthon: Then and Now (1497-1997): Essays Celebrating the 500th anniversary of the Birth of Philip Melanchthon, theologian, teacher and reformer / Scott H. Hendrix (Hg.); Timothy J. Wengert (Hg.). Columbia, S.C.: Lutheran Southern Seminary, 1999.
Philipp Melanchthon: Exemplarische Aspekte seines Humanismus / Gerhard Binder (Hg.). Trier: Wissenschaftlicher Verl., 1998 (Bochumer Altertumswissenschaftliches Colloquium 32).

Philipp Melanchthon: Sein Leben in Bildern und Geschichten. Lahr: Kaufmann, 1997.

Philipp Melanchthon 1497-1997: Die bunte Seite der Reformation: Das Freiburger Melanchthon-Projekt / Wilhelm Schwendemann (Hg.). Münster / Westf.: Lit, 1997 (Schriftenreihe der Evangelischen Fachhochschule Freiburg 1).

Philipp Melanchthon als Politiker zwischen Reich, Reichsständen und Konfessionsparteien / Günther Wartenberg (Hg.); Matthias Zentner (Hg.); Markus Hein (Mitarb.). Wittenberg: Drei Kastanien 1998 (Themata Leucoreana).

Philipp Melanchthon in Südwestdeutschland: Bildungsstationen eines Reformators: [Katalog zur] Ausstellung der Badischen Landesbibliothek Karlsruhe, der Universitätsbibliothek Heidelberg, der Württembergischen Landesbibliothek Stuttgart und des Melanchthonhauses Bretten zum 500. Geburtstag Philipp Melanchthons / Stefan Rhein (Hg.); Armin Schlechter (Hg.); Udo Wennemuth (Hg.). Karlsruhe: Badische Landesbibliothek, 1997.

Philipp Melanchthon und das städtische Schulwesen: Begleitband zur Ausstellung / Lutherstadt Eisleben (Hg.). Halle (Saale): Janos Stekovics, 1997 (Veröffentlichungen der Lutherstätten Eisleben 2).

Philipp Melanchthon und seine Rezeption in Skandinavien: Vorträge eines internationalen Symposions anläßlich seines 500. Jahrestages an der Königlichen Akademie der Literatur, Geschichte und Altertümer in Stockholm den 9.-10. Oktober 1997 / Birgit Stolt (Hg.). Stockholm: Almqvist & Wiksell, 1998 (Konferenser 43).

Rabe, Horst: Deutsche Geschichte 1500-1600: Das Jahrhundert der Glaubensspaltung. München: Beck, 1991.

Rhein, Stefan: Katharina Melanchthon, geb. Krapp: Ein Wittenberger Frauenschicksal der Reformationszeit. In: Philipp Melanchthon 1497-1997. A.a.O., S.40-59.

-: Katharina Melanchthon, geb. Krapp: Ein Wittenberger Frauenschicksal der Reformationszeit. In: 700 Jahre Wittenberg: Stadt, Universität, Reformation / Stefan Oehmig (Hg.). Weimar: Böhlau, 1995, S.501-518.

-: Philipp Melanchthon. Wittenberg: Drei Kastanien, ^{2}1998 (Biographien zur

Reformation).
Rosin, Robert: Reformers, The Preacher, and Skepticism: Luther, Brenz, Melanchthon, and Ecclesiastes. Mainz: von Zabern, 1997 (Veröffentlichungen des Instituts für Europäische Geschichte Mainz, Abteilung Abendländische Religionsgeschichte 171).

Sachau, Ursula: Das Licht der himmlischen Akademie: Die Welt des Philipp Melanchthon: Roman. München: Ehrenwirth, 1997.

Scheible, Heinz: Melanchthon: Eine Biographie. München: Beck, 1997.

-: Melanchthon und die Reformation: Forschungsbeiträge / Gerhard May(Hg.); Rolf Decot (Hg.). Mainz: von Zabern, 1996 (Veröffentlichungen des Instituts für Europäische Geschichte Mainz, Abteilung abendländische Religionsgeschichte, Beiheft 41).

-: Melanchthon, Philipp (1497-1560). In: Theologische Realenzyklopädie 22 (1992), S.371-410.

-: Philipp Melanchthon: Eine Gestalt der Reformationszeit: 50 Bilder und zwei Landkarten: [Begleitbuch zur Diaserie]. Karlsruhe: Landesbildstelle Baden, 1995.

Schofield, John: Philip Melanchthon and the English Reformation. Aldershot: Ashgate, 2006 (St. Andrews Studies in Reformation History).

Schwab, Hans-Rüdiger: Philipp Melanchthon: Der Lehrer Deutschlands: Ein biografisches Lesebuch. 2. Aufl. München: dtv, 1997 (dtv 2415).

Schwendemann, Wilhelm; Stahlmann, Matthias: Reformation und Humanismus in Europa; Philipp Melanchthon und seine Zeit: Eine Einführung mit Praxisentwürfen für den Unterricht. Stuttgart: Calwer, 1997 (Calwer Materialien).

Selge, Kurt-Victor; Hansen, Reimer; Gestrich, Christof; Philipp Melanchthon 1497-1997: Drei Reden, vorgetragen am Melanchthon-Dies der Theologischen Fakultät in der Humboldt-Universität zu Berlin: 23. April 1997. Berlin: Humboldt-Universität, 1997 (Öffentliche Vorlesungen 87).

Sternhagen, Eick: Melanchthon: Der Reformator: Jubiläumsschrift zum Melanchthonjahr '97. Sinzheim: Pro Universitate, 1997 (Uni-Schriften: Theologie).

Strübind, Andrea: Eifriger als Zwingli: Die frühe Täuferbewegung in der Schweiz. Berlin: Duncker und Humblot, 2003.

Stupperich, Robert: Philipp Melanchthon: Gelehrter und Politiker. Göttingen: Muster-Schmidt, 1996 (Persönlichkeit und Geschichte 151).

Volk, Ernst: Philipp Melanchthon: Der Lehrer Deutschlands. Groß Oesingen: Lutherische Buchhandlung, 1997 (Zahrenholzer Reihe 27).

Wartenberg, Günther: Landesherrschaft und Reformation: Herzog Moritz von Sachsen und die albertinische Kirchenpolitik bis 1546. Gütersloh: Mohn, 1988 (Quellen und Forschungen zur Reformationsgeschichte 55).

Wels, Volkhard: Triviale Künste: Die humanistische Reform der grammatischen, dialektischen und rhetorischen Ausbildung an der Wende zum 16. Jahrhundert. Berlin: Weidler, 2000 (Studium litterarum 1).

Wengert, Timothy J[ohn]: Law and Gospel: Philip Melanchthon's Debate with John Agricola of Eisleben over poenitentia. Grand Rapids, MI: Baker, 1997 (Texts and Studies in Reformation and Post-Reformation Thought).

-: Human Freedom, Christian Righteousness: Philip Melanchthon's Exegetical Dispute with Erasmus of Rotterdam. New York, N.Y.: Oxford University Press, 1998 (Oxford Studies in Historical Theology).

Wiedenhofer, Siegfried: Formalstrukturen humanistischer und reformatorischer Theologie bei Philipp Melanchthon. T.1: Text: T.2: Anmerkungen und Literaturverzeichnis. Bern: Lang, 1976 (Regensburger Studien zur Theologie 2).